기독교문서선교회(Christian Literature Center: 약칭 CLC)는 1941년 영국 콜체스터에서 켄 아담스에 의해 시작되었으며 국제 본부는 미국 필라델피아에 있습니다. 국제 CLC는 59개 나라에서 180개의 본부를 두고, 약 650여 명의 선교사들이 이동도서차량 40대를 이용하여 문서 보급에 힘쓰고 있으며 이메일 주문을 통해 130여 국으로 책을 공급하고 있습니다. 한국 CLC는 청교도적 복음주의 신학과 신앙서적을 출판하는 문서선교기관으로서, 한 영혼이라도 구원되길 소망하면서 주님이 오시는 그날까지 최선을 다할 것입니다.

추천사 1

이 승 진 박사
합동신학대학원대학교 예배설교학 교수

21세기 포스트모던 현대 사회는 극단의 개인주의와 상대주의, 소비만능주의가 득세를 하고 있다.

이런 시대 풍조 속에서 정기적으로 함께 모인 신앙 공동체와 함께 예배드리는 현대의 개신교 신자들은 과연 어떠한 형식과 절차를 따라서 영원토록 살아 계시는 삼위 하나님을 예배해야 할까?

영원한 하나님과 변화하는 신자 사이에 이뤄지는 기독교 예배 형식과 절차에 관한 질문은 지상에 교회가 세워지고 그리스도의 재림 사건이 일어나기 전까지 계속 제기되는 질문이다.

이 질문에 관하여 본서의 저자, 콘스탄스 체리(Constance M. Cherry)는 "예수님처럼 예배하라!"(Worship Like Jesus!)라는 지극히 단순한 해답을 제시한다. 개신교 2천년의 영성을 한 마디로 압축한다면, '그리스도 닮기'(imitatio christi)로 집약될 수 있다. 이와 마찬가지로 하나님이 가장 기뻐하시는 예배의 핵심도 "예수님처럼 예배하라!"(Worship Like Jesus!, *Adorate Iesum!*)로 집약될 수 있을 것이다.

그러나 '예수님처럼 예배하라'는 겉보기와는 달리 단순하지 않다. 여기에는 모든 예배자들이 반드시 숙지해야 하는 중요한 예배 실제의 지침들이 함축되어 있다.

저자는 1장에서 기독교 예배를 위한 바람직한 롤 모델로서 예수 그리스도를 제시한 다음에 2장에서는 예배의 우선순위, 3장 예배의 대상, 4장 예배의 중심이신 그리스도, 5장 예배에 대한 하나님의 내러티브, 6장 예배의 대화, 7장 예배에 참여하는 제자, 8장 예배 공동체 그리고 결론부에서 예배 후의 파송까지 모든 기독교 예배자들이 반드시 숙지해야 하는 사항들을 세심하게 제시하고 있다.

저자에 의하면, 기독교 예배는 그리스도의 제자들로 이루어진 지역 교회와 삼위일체 하나님과의 정기적이고, 지속적인 모임이다. 기독교 예배는 하나님께 영광을 돌리고, 하나님의 백성인 성도들이 자신의 영적 정체성을 공개적으로 증언하며, 장엄한 하나님의 구원 경륜을 장엄한 구속 내러티브로 선포하고 경축하여, 하나님 나라 목적에 따라 살아갈 수 있는 능력을 받기 위해 서로 협력하여 실행하는 공동의 헌신이요 나눔이다.

21세기 개신교 예배 현장은 마치 격렬한 문화 전쟁(culture war)의 최전선과도 같이 혼란스럽다. 참되고 성경적인 예배를 지향하는 성도들이라면 과연 하나님이 기뻐 받으실만한 성경적인 예배가 무엇인지 고민하기 나름이다. 성경적인 예배를 추구하는 모든 예배자들에게 본서가 귀중한 지침을 제공할 수 있으리라 기대하며 일독(一讀)을 권한다.

추천사 2

주 종 훈 박사
총신대학교 신학대학원 예배학 교수

이 책은 오랫동안 많은 이들이 기다려온 기독교 예배 안내서이다. 지금까지 우리에게 주어진 많은 예배 자료들은 예배를 이해하고 해석하는 것에 집중하거나, 문화 수용을 통해서 새로운 방식과 스타일의 예배를 제안하는데 주력한다. 그런데, 예배의 현장에서 주어지는 질문과 요구는 성경과 역사에서 발전한 예배의 원리와 지침이 우리 시대의 교회에서 문화와 상황을 반영하면서 어떻게 구체적이고 직접적으로 구현할 수 있는가와 관련한다.

이 책은 바로 공동체의 예배 현장에서 예배를 기획하고 인도하는 지도자들뿐만 아니라, 예배자들 모두가 성경과 역사 그리고 문화를 예배 실천에서 어떻게 통합할 수 있는지 아주 상세하게 풀어서 제시해 준 실천 교과서이다.

아울러, 이 책은 로버트 웨버(Robert E. Webber)가 구축한 전통과 문화의 통합을 성경의 가르침에 따라 더욱 심화시킨 기독교 예배의 실천 지침서이다. 이 책의 저자 콘스탄스 체리(Constance M. Cherry)는 웨버의 제자이자 동료로서 기독교 전통의 찬란한 유산을 현대 문화의 상황에서 통합시키기 위해 이론을 구축하고 실천적으로 참여하며 기여하고 있는 학자이다. 체리는 이 책을 통해서 전통과 문화의 통합을 구축하는 기독교 예배가 어떻게 성경의 가르침에 따라 구성되고, 예배자들이 더욱 적극적으로 참여할 수 있는지를 명료하게 제시해준다. 특히 다양한 예배의 형식에 담긴 본질을 명료하게 파악하고, 예배가 예배자들의 만족과 목적 성취를 위한 수단이 아닌 제자도와 관련된 중요한 실천이라는 점을 성경의 가르침에 따라 실천적으로 풀어낸다.

이 책의 내용과 구성은 예배 연구가들뿐 아니라 예배 사역자들 그리고 예배자들 모두에게 직접적인 도움을 제공한다. 이 책에 담긴 예배 지침은 성경에서 가르치는 예배가 예수님의 예배 방식에서 어떻게 구현되었는지, 오늘날 예배자들이 자신의 상황에서 예수님을 따라 어떻게 예배하며 또 예배할 수 있는지를 명확히 가르쳐준다. 아울러 이 책의 구성은 개인만이 아니라 교회 공동체가 함께 예배를 배우고 익히며 새롭게 실천해 가는데 사용할 수 있는 교재로도 손색이 없다.

지금 우리 시대의 예배를 이해하고, 예수님의 예배 방식에 따른 기초를 구축한 후, 오늘날 예수님과 함께 예배하기 위한 실천적 제안과 결단의 촉구를 담아낸 이 지침서가 수많은 교회 공동체에서 사용되어질 수 있기를 바라고 적극적으로 추천한다.

예수님처럼 예배하라
성도를 위한 예배 안내서

Worship Like Jesus: A Guide for Every Follower
Written by Constance M. Cherry
Translated by Sang Koo Kim, Young Min Bae
Originally published in English under the title:
Worship Like Jesus: A Guide for Every Follower
Copyright © 2023 by Constance M. Cherry
Published by Abingdon Press, USA All rights reserved.

Korean translation edition© 2023 by CLC KOREA, Korea. All rights reserved.
This Korean edition published in arrangement with Abingdon Press through Riggins Rights Management.

예수님처럼 예배하라
성도를 위한 예배 안내서

2023년 3월 10일 초판 발행

지 은 이 | 콘스탄스 M. 체리
옮 긴 이 | 김상구, 배영민

편　　 집 | 정희연
디 자 인 | 서민정
펴 낸 곳 | (사)기독교문서선교회
등　　 록 | 제16-25호(1980.1.18.)
주　　 소 | 서울특별시 동대문구 천호대로71길 39
전　　 화 | 02-586-8761~3(본사) 031-942-8761(영업부)
팩　　 스 | 02-523-0131(본사) 031-942-8763(영업부)
이 메 일 | clckor@gmail.com
홈페이지 | www.clcbook.com
송금계좌 | 기업은행 073-000308-04-020 (사)기독교문서선교회
일련번호 | 2023-24

ISBN 978-89-341-2527-3 (93230)

이 한국어판 저작권은 Riggins Rights Management를 통해 Abingdon Press와 독점 계약한 (사)기독교문서선교회가 소유합니다. 신저작권법에 의하여 한국 내에서 보호를 받는 저작물이므로 무단 전재와 무단 복제를 금합니다.

CONSTANCE M. CHERRY

예수님처럼 예배하라

성도를 위한 예배 안내서

콘스탄스 M. 체리 지음 | 김상구·배영민 옮김

CLC

참된 제자이자, 참된 예배자인, 나의 사랑하는 진정한 친구

베리 스타일즈(Berry L. Stiles: 1940-2018)와

존 스타일즈(John D. Stiles: 1934-2018)를

기념하며

CONTENTS

추천사 1   이승진 박사 | 합동신학대학원대학교 예배설교학 교수   1

추천사 2   주종훈 박사 | 총신대 신학대학원 예배학 교수   3

감사의 글   11

역자 서문   13

서론   15

제1장 예배를 위한 우리의 롤 모델   19

제2장 예배의 우선순위   35

제3장 예배의 대상   54

제4장 예배의 중심이신 그리스도   70

제5장 예배에 대한 하나님의 내러티브   91

제6장 예배의 대화   112

제7장 예배에 참여하는 제자   130

제8장 예배 공동체   153

결론   173

감사의 글

콘스탄스 체리 박사
미국 Indiana Wesleyan University 교수
Grant United Methodist Church 목사

많은 분의 도움이 없이는 본서를 저술할 수 없었을 겁니다. 특별히 본서의 제작 과정에 참여하셨던 한분 한분께 깊은 감사의 마음을 전합니다.

가장 먼저 이 프로젝트를 하는 수개월 동안 저를 위해서 기도로 헌신해 주신 기도 모임(Prayer Circle)의 구성원들께 마음으로 깊은 감사를 표합니다. 저는 여러분의 지원을 마음 깊이 통감했습니다. 제가 일일이 거명하지 않아도 그분들이 누구인지 아실 겁니다.

또한, 기도로 저를 기꺼이 격려해 준 많은 분이 계십니다. 그 중에서도 가장 중요한 분은 목사이신 저의 아버지 해롤드 체리(Rev. Dr. Harold R. Cherry) 박사님이십니다. 아버지는 93세라는 고령에도 불구하고 많은 이들을 위한 중보기도를 평생 지속하시며 또한 저를 위해서도 기도를 쉬지 않으십니다.

제가 목사로 시무하고 있는 인디애나주 페어마운트의 그랜트유나이티드감리교회(Grant United Methodist Church, Fairmount, Indiana)의 성도들께 감사드립니다. 그분들은 하나님의 부르심을 폭넓게 성취하려는 저의 노력을 아낌없는 지원으로 격려해 주십니다. 하지만, 그분들은 자신들의 사랑

과 지원이 제게 얼마나 크고 소중한지 아마도 알지 못할 겁니다. 그분들은 제가 자신들을 섬긴다고 생각하지만, 저는 오히려 그 반대라고 믿습니다. 우리가 경험하는 상호간의 사랑은 하나님께서 주신 선물입니다.

인디아나웨슬리안대학교(Indiana Wesleyan University)의 예배 프로그램에 참여한 뛰어난 학생들에게도 감사를 보냅니다. 그들은 저의 저술에 관심을 기울이고, 기도로써 자신들의 우정을 보여 주었으며, 그리스도와 교회에 대한 깊은 헌신으로 저를 격려해 주었습니다. 저에게 도리어 큰 가르침과 기쁨을 주었던 그들의 얼굴을 떠올리지 않을 수 없습니다.

저에게 대학학자상(University Scholar Award)을 주시고, 또 본서를 집필하는 데 도움이 되는 강의를 허락해 준 인디아나웨슬리안대학교의 지원에도 깊은 감사를 표합니다.

탁월한 편집 능력, 프로 의식, 긍정적인 성격으로 훌륭하게 작업해 준 제시카 디온(Jessica Dion)에게 진심어린 감사를 드립니다.

특별히 책 전체에 담긴 예술적 그래픽들을 디자인해 준, 인디아나웨슬리안대학교 예배 전공자들의 리더이자, 장래가 촉망되는 예배 건축가 밴자민 스녹(Benjamin Snoek)에게도 감사를 표하고 싶습니다.

또 선임 편집자(Senior Acquisitions Editor)인 콘스탄스 스렐라(Constance Stella)의 지원과 아빙돈출판사(Abingdon Press)가 교회들을 위한 자료 수집이라는 나의 작은 기여를 기꺼이 환영해 준 것에 너무나 감사합니다.

마지막으로, 비록 오래전에 우리 곁을 떠났지만, 나의 멘토이자 친구인 로버트 웨버(Robert E. Webber, 1933-2007)는 내 마음과 정신, 그리고 사역에 지속적으로 영향을 주고 있습니다. 그의 목소리는 이제 영광스러운 공동체에서 들을 수 있습니다. 그곳은 나의 스승인 그가 열정과 기대를 가지고 외쳤던 예배가 현실로 이루어진 곳입니다. 그는 예수님처럼 예배를 드렸으며, 현재는 예수님과 함께 예배를 드리고 있습니다. 하나님께 감사드립니다.

역자 서문

김 상 구 박사
백석대학교 실천신학 교수

본서의 저자 콘스탄스 체리(Constance M. Cherry)는 고(故) 로버트 웨버(Robert E. Webber)의 제자로서 국내외적으로 잘 알려진 예배 전문가이다. 이미 국내에서 번역된 그녀의 예배학 시리즈로는 『예배 건축가』(CLC, 2022)와 『예배예식 건축가』(CLC, 2017)가 있다. 하지만, 본서 『예수님처럼 예배하라』(Worship Like Jesus)에는 저자의 기존 저서들과는 다른 다음과 같은 몇 가지 특징들이 있다.

첫째, 본서는 예배 전문가들뿐만 아니라, 전심을 다해 하나님을 예배하기를 소원하는 평신도들을 위한 안내서이자 지침서임을 자임한다. 이는 저자가 본문에서 "예수 그리스도의 형상으로 바뀌어 가는 여정인 예배 제자도의 본질은 하나님을 참되게 예배하는 방법이다. 그럼에도 불구하고, 급격한 문화적 변화에 대응한 수십 년간의 예배 실험들은 많은 그리스도인들에게 오해를 남겼다."라고 말한 것처럼, 지금은 그 어느 때보다 예배 제자도가 필요한 때이기 때문이다.

따라서 저자는 그리스도의 제자가 하나님께 참되게 예배하는 것을 배우는 최선의 방법으로서 성경의 탐색을 통하여 예수님의 예배 방식을 모방하는 것을 제시하고, 궁극적으로 예수님의 헌신적인 제자가 되도록 이끌어 줄 것을 지향한다.

둘째, 본서는 제자도가 가장 효과적으로 일어나는 교회의 모든 공동체를 염두에 두고 저술되었다는 점이다. 주일학교, 성경공부 모임, 예배 팀, 교회 각 부서 담당자들, 주말 수련회 등, 두 세 사람이 모인 곳이라면 어느 곳에서도 사용되도록, 각 장마다 동일한 양식으로 이루어져 있다.

본서가 나오기까지 도움을 주었던 손길을 잊을 수 없다. 예배학 전문가로서 본서를 번역하는데 참여하신 배영민 박사님께 감사를 드린다. 박사님과는 이미 『예배와 설교』(마이클 J. 퀵, CLC, 2015)와 『기독교 예배학 개론』(제임스 F. 화이트, CLC, 2017), 『성경에 따라 개혁된 예배』(휴즈 올리판트 올드, CLC, 2020), 『종교개혁자들의 예배 예전』(조나단 깁슨, 마크 언지, CLC, 2022)을 협업하면서 출간의 기쁨을 누렸다. 그리고 본서의 가독성을 위해 윤문을 한 오세연 전도사님과 예수 생명으로 충만한 예배 현장을 꿈꾸는 백석대학교 신학대학원 원우들과 기독교전문대학원 예배학 콜로키움(Colloquium) 회원들에게도 감사의 마음을 전한다.

끝으로 기쁜 마음으로 추천사를 보내주신 합동신학대학원대학교 이승진 교수님과 총신대학교 신학대학원 주종훈 교수님, 본서를 출간하는 데 흔쾌히 도움을 주신 기독교문서선교회 박영호 목사님께 감사드린다.

2023년 1월
방배동 연구실에서

서론

1. 예배로의 부름

지난 50여 년간 북미 지역을 포함한 모든 지역 교회의 예배는 급격한 변화를 겪어왔다. 그리고 지금 우리는 다음과 같은 질문들에 직면해 있다.

- 매우 다양한 변화들로 인하여 주일 예배가 무엇인지 모호해지거나, 예배를 잘못 이해하고 있지는 않은가?
- 예수 그리스도를 따르는 신자들(followers)은 예배 중 자신들이 얼마나 중요한 역할을 담당하고 있는지 인지하고 있는가?
- 신자들은 어떻게 해야 예배에 전심으로 참여할 수 있는지를 알고 있는가?
- 신자들은 예수님 자체가 우리에게 최상의 예배를 가르쳐 주는 예배자의 모범이라는 사실을 인식하고 있는가?

본서는 가장 멋진, 혹은 최신 트렌드의 예배 형식을 알려주는 예배 전쟁(worship wars)에 관한 것이 아니라, 그보다 더욱 본질적인 것들에 마주한다. 이 책은 전심을 다하는 예배자가 되기를 소원하는 예수님을 따르는 신자들을 위한 책으로서 하나님을 어떻게 예배해야 하는지에 대해 단 한 번도 배워보지 못했을 평신도들을 위한 안내서이다. 다시 말하면, 이 책은 예배 제자도에 대해 말하고 있다. 제자도는 예수 그리스도의 형상으로 바뀌어 가는 여정을 뜻한다. 수많은 책들이 제자도에 대해 방법론적으로 접근하여 어떻게 기도하는가, 어떻게 성경을 이해하는가, 어떻게 자신의 신앙생활을 함께 나누는가, 다른 사람들을 섬기는 방법에는 무엇이 있는가 등을 말하며 신자들을 훈련시켜 왔다. 이런 것들 또한 중요하지만, 모든 훈련 중에 가장 중요한 본질에 대해서는 늘 침묵해 왔다. 그것은 바로 "어떻게 하나님을 예배하는가"이다.

지역 교회 공동체에서 최우선으로 지속되어야 하는 것은 무엇보다도 삼위일체 하나님께 예배하는 사역이다. 예배는 하나님과 신자와의 관계를 이어가는 핵심이다. 또 교회가 하나님의 나라로서 신실하게 살기를 추구할 때, 예배는 교회의 모든 사역을 뒷받침하는 원동력이라는 결과도 가져온다. 그럼에도 수십 년 동안 급격한 문화적 변화에 대응해 온 실험적 예배들은 많은 그리스도인들에게 오해만을 남겼다. 그래서 지금, 우리에게는 "예배 제자도"가 그 어느 때보다 필요하다.

『예수님처럼 예배하라』(Worship Like Jesus)는 기독교 예배의 본질적인 요소들을 통해서 독자들의 예배에 대한 이해를 일신시킨다. 또한, 사람들-전체 회중들-을 이전에 경험하지 못했던 흥미롭고 진중한 예배를 드리고, 결과적으로 그리스도의 제자도에 깊이 헌신하도록 이끌어준다. 결국 본서는 예수님께서 예배자로서 우리보다 앞서서 어떻게 행하셨는지를 면밀히 탐색함으로써, 그분이 몸소 보여 주시는 완전한 예배에 직면하도록 만든다.

나는 본서를 읽는 모든 독자들에게 예배에 대한 새로운 지평이 열리게 될 것을 확신한다. 하지만 예배를 보다 더 깊이 이해하기 원하는 주변의 그리스도인들과 함께 읽는 것을 권한다. 왜냐하면, 제자도는 공동체에서 가장 효과적으로 일어나기 때문이다. 본서는 교회의 모든 공동체를 염두에 두고 저술되었기 때문에 소그룹에서 사용하기에 매우 적합하다. 주일학교, 성경 공부 모임, 예배 팀, 교회 각 부서 담당자들, 주말 수련회 및 사경회, 신앙도서 연구 모임 등 두 세 사람이 모인 곳이라면 어느 곳이든 좋다.

『예수님처럼 예배하라』의 각 장은 영적 성장을 불러일으키는 방법으로서 동일한 진행 방법이 적용된다.

- 우리가 지금 드리고 있는 예배는 어떠한지 상세히 묘사하기
- 예수님은 어떻게 예배를 드리셨는지 탐구하기
- 현 시대에서 예수님이라면 어떻게 예배를 드리실지 숙고하기
- 예수님의 제자인 우리가 어떻게 예배를 드려야 할지 결단하기

덧붙여, 각 장의 마지막에는 현재 우리가 직면한 도전들에 대해 다루고, 이어지는 질문들과 마무리 기도가 제공된다.

『예수님처럼 예배하라』는 그리스도를 따르는 신자들의 다양한 삶과 그들의 예배 공동체에 가장 적합한 차별화된 예배를 만들어가도록 도와준다. 예수님처럼 예배하고 전심으로 동참하는 깊이 헌신된 제자들에게 둘러싸인 교회의 모습을 상상해 보라! 여러분의 교회는 더 이상 이전과 같지 않을 것이다.

2. 예배의 정의

> 예배는 그리스도의 제자들로 이루어진 지역 교회와
> 삼위일체 하나님과의
> 정기적이고, 지속적인 모임이다.
> 그것은 하나님께 영광을 돌리고,

하나님의 백성인 자신들의 정체성을 증언하며,
대서사시와도 같은 하나님의 영원한 사역을 선포하고 경축하여,
하나님 나라의 목적에 따라 살아갈 수 있는 능력을 받기 위해
서로 협력하여 행해지는 공동의 헌신이라는 행위로 표현된다.

— 콘스탄스 체리(Constance M. Cherry)

제1장

예배를 위한 우리의 롤 모델

핵심 질문 : 예수님은 어떻게 예배하셨나?

여러분은 리더인가 아니면 추종자인가?

언젠가 이런 질문을 받아본 적이 있을 것이다. 아마도 회사에서 당신을 승진시키려는 고용주가, 진로 결정에 도움을 주려는 학교의 상담자가, 혹은 잘못된 친구들과 어울리기 시작할 때 여러분을 돌이키려는 부모가 물어본 질문일 수 있다. 대부분의 경우, 이 두 가지 중 지도자의 역할을 더 나은 것으로 여긴다. 왜냐하면, 우리는 추종자들보다 지도자들을 높이는 문화 속에 살고 있기 때문이다.

이와 대조적으로, 예수님의 관점은 좀 다른 것 같다. 사람의 가치를 측정하는 관점이 우리와는 확실한 차이를 보이고 있다. 예수님은 지도자의 지위를 높이는 우리와는 달리 추종, 즉 그분을 따르는 자의 역할을 드높이신다. 예수님은 결코 "와서 나와 함께 리드하자"라고 말씀하지 않으셨다. 수많은 사람에게 그분은 "와서, 나를 따르라"고 하셨다(막 1:17, 20; 마 8:22; 9:9 등을 보라). 그 과정에서 탁월한 추종자들은 영향력을 미치는 지도자가 되지만, 그들은 더욱 특별한 지도자, 즉 하나님께서 교회와 세상을 위해서 염두에 두신, "섬기는 지도자"가 된다.

1. 지금 우리가 드리는 예배 방식 묘사하기

1) 제자가 된다는 것

예수님은 자신을 따르라는 부름에 응답하는 자들에게 **제자**(disciple)라는, 아주 일반적인 단어를 사용하셨다. 제자란, 말 그대로 저명한 지도자, 혹은 시대의 스승을 헌신적으로 따르는 사람을 뜻한다. 시대마다 살펴보면 다양한 종교, 사회 운동, 혹은 어떤 사상을 따르는 학파들은 학습자를 매료시킨 중요한 스승을 중심으로 발전해 왔고, 그들은 그 지도자의 '제자'가 되어 따랐다.

기독교에서도 이 용어는 크게 다를 바 없다. 예수님께서 사역하시던 당시에도 추종자의 자세(followership)를 강조하던 철학자들과 랍비들이 많이 있었다. 그들과 마찬가지로 예수님 또한 자신을 따르는 자들을 일관되게 제자들이라고 말씀하셨다. 그러므로 모든 그리스도인들은 충성스러운 마음으로 예수 그리스도를 따를 때, '예수님의 제자들'이라 불리게 된다.

제자란 배우는 자이다. 그리고 선생은 다른 사람들을 제자로 삼는 사람이다. 제자도는 어떤 사람의 사상과 실천, 그리고 삶의 방식이 갈수록 선생처럼 되어가는 과정을 뜻한다. 학습자가 선생을 닮는 것, 이것이 그 일련의 과정의 결과이다. 선생은 자신을 꼭 닮은 제자들을 키우려는 궁극적인 목적을 가지고 있다.

예를 들면, 자신의 예술 작품에 영향을 미치는 새롭고도 특별한 기술을 제자에게 가르치는 유명한 예술가, 혹은 비폭력을 통해 평화를 추구하도록 하며 다른 사람들 또한 이에 동참시키는 사회 운동가, 혹은 경기장에서 자신의 특별한 경기 방식을 전수하는 운동 코치 등이 그렇다. 좋은 선생은 단순히 말로써 가르치지만은 않는다. 아마도 그들은 자신들만의 방법을 가지고 본을 보임으로써 제자들에게 실질적인 영향을 끼치는 것을 더욱 중요하게 여길 것이다.

마찬가지로, 모든 제자는 자신의 선생처럼 되고자 하는 궁극적인 목표를 가지고 있다. 그래서 선생과 제자는 매우 밀접한 호혜적 관계가 된다. 추종자로서의 제자들은 자신들의 제자도를 일궈가는 여정에 진지하게 임하게 된다. 그들은 대가인 스승(master teacher)에게 주시하고, 그들의 말 하나에도 집중하고 또 질문하며 최종 결과를 얻기 위해 스승이 보여 주는 과정에 주목한다. 제자들 또한 자신의 스승이 핵심적 가르침을 도출하는 동일한 훈련을 사용하는 것이다(영어 단어 제자[disciple]와 훈련[discipline]이 얼마나 밀접한 관련이 있는지 주목하라). 특별한 훈련은 자신의 스승을 닮아가는 제자들이 되는 과정에 도움을 준다.

모방은 제자도의 핵심이다. 제자들은 스승에 대한 신중한 모방을 실현하며 점진적으로 스승의 형상으로 빚어지게 된다. 사람들은 제자와 스승의 유사한 점을 발견하며 그들에게 주목하기 시작한다. 우리는 예수님의 추종자들로서 우리 주님이신 스승(Master Teacher)과 상당한 시간을 보내면서 그분께 무엇이 중요한지 발견하고, 귀 기울이며, 질문하고 순종하며, 관찰하는 과정을 통하여 그분의 형상으로 빚어진다. 예수님께서 "제자가 그 선생보다 높지 못하나 무릇 온전하게 된 자는 그 선생과 같으리라"(눅 6:40)라고 말씀하셨던 것처럼 말이다.

2) 예수님이라면 어떻게 하셨을까(WWJD)에 대한 새로운 시도

수 년 전에, 일부 크리스천 그룹에서 두문자(頭文字: 다른 단어들의 첫 번째 알파벳 문자로 구성된 생략어로, 그것을 하나의 단어처럼 발음하는 것, 예: NASA: 역주) 운동이 유행이 되었다. 사람들은 팔찌, 목걸이, 자동차의 범퍼 스티커와 포스트 등에 두문자를 사용했다. 예를 들어, WWJD(What would Jesus do?-예수님이라면 어떻게 하셨을까?)가 그것이다. 그것은 그리스도인이라면 모든 상황에서 예수님이라면 어떻게 하셨을까를 고려하고, 그런 다음 순종함으로 그분을 모방하기 위해 노력해야 한다는 의미였다. 이런 노력이 탁월하고, 또 도움이 되는 것도 분명하지만, 어떤 이들은 이런 반응에 의문을 품었다.

모든 상황에 대해 예수님께서 어떻게 하셨을까를 우리가 명확하게 알 수 있을까?
참된 마음 없이 올바르게 행동할 수 있는 것이 가능할까?
우리가 집중해야 하는 것은 행동인가?
혹은 존재에 대한 것인가?

의문은 잠시 접어두고, 그 두문자 운동의 의도는 좋았던 것 같다. WWJD(예수님이라면 어떻게 하셨을까)가 새겨진 팔찌를 여전히 갖고 있으니.
본서는 다른 두문자인 HWJW(How would Jesus worship?-예수님은 어떻게 예배 하셨을까?)에 주목한다.

당신은 예수님을 예배자로서 생각해 본 적이 있는가?
예수님은 어떻게 예배하셨는가?
그분의 예배 형식과 우선순위들은 무엇이었는가?
예수님께서 행하신 예배와 관련된 모든 행위를 통해 과연 우리는 무엇을 배울 수 있는가?
만약 우리가 예수님의 예배의 삶만을 집중해서 본다면, 그분의 제자인 우리는 무엇을 발견할 수 있는가?

> 만약 우리가 예수님의 예배의 삶만을 집중해서 본다면,
> 그분의 제자인 우리는 무엇을 발견할 수 있는가?

여기에 단순히 추측을 하기보다는, 우리가 계속해야 할 구체적인 것들이 있다. 우리는 사실상 예수님께서 예배에서 무엇을 행하셨는지 궁금해 할 필요가 없다. 왜냐하면, 예수님의 공생애 기간 동안 예배자로서 그분의 예배의 삶을 보여 주는 복음서를 읽음으로써 그것을 **알 수**(see) 있기 때문이다. 물론 처음에는 다 이해하지 못해도 예수님의 예배 양식을 모방하고 따를 수 있지만, 훈련을 계속한다면 예배가 우리를 예수님처럼 만들어 갈 것이다.

그러므로 만약 우리의 목표가 예배에서 제자로서 예수님을 따르는 것이라면, 다음의 중요한 질문을 스스로에게 물어야 한다.

예수님은 어떻게 예배하셨는가?

핵심 질문 : 예수님은 어떻게 예배하셨는가?

2. 예수님은 어떻게 예배하셨는지 발견하기

1) 예수님처럼 예배하기: 예수님이 행하시고 가르치신 것이 무엇인지 발견하기

예수님은 예배자이셨다. 그리고 만약 제자도를 주님(Master)의 모범과 가르침을 따르는 문세라고 본다면, 그 출발점은 주님이 어떻게 모범을 보이시고, 무엇을 가르치셨는지를 발견하는 것이 되어야 한다. 우리가 그분의 인도를 따르려면 그분의 삶에 미친 예배의 역할을 이해해야만 한다는 것이다. 예수님은 우리가 예배의 본질적인 측면들을 발견하여 실천하도록 도우시는 우리의 롤 모델이자 멘토가 되어 주신다. 그분이 자신에게 주어진 매일을 그렇게 사셨기 때문이다. 예수님께서 행하신 예배의 삶을 깊이 살펴 이해한다면, 다음에 주어지는 질문들의 정답을 찾을 수 있을 것이다.

- 예배자로서 예수님은 무엇을 하셨는가?
- 예수님은 예배란 무엇이라고 가르치셨는가?
- 예배자 예수님에게 가장 중요한 것이 무엇이라는 결론을 얻었는가?
- 오늘날 예수님을 따르는 제자들에게 예배란 무엇을 의미하는가?

그리스도를 따르는 자는 예배에 대해 예수님께서 **행하셨고**(did), **가르치셨던**(taught) 것을 반드시 이해해야 한다.

우리가 우리 스승(Teacher)의 예배 방식을 따르지 않는다면, 어떻게 하나님을 기쁘시게 하는 예배를 드릴 수 있겠는가?

예배자로서 예수님은 무엇을 **하셨는가**(do)?

사복음서(마태복음, 마가복음, 누가복음, 요한복음)에 나타난 예수님의 삶은 공동체 안에서 헌신적이고 규범 있는 예배자로서의 모본이셨다. 그분은 태어날 때부터 예배자이셨다. 예수님은 매일 변함없이 성전과 회당에서 예배하셨고, 안식일을 지키셨으며, 오랜 시간 기도하셨다. 정기적인 예배의 참석자로서 사탄에 대항하여 하나님께 예배하셨고, 유대교의 연례 예배 축제를 기념하셨으며 사람들에게 축복의 복음을 선포하셨다. 예전을 찬미하셨으며, 성전과 회당에서 가르치셨다. 예수님께서 공 예배에 관해서 중요하게 생각하셨던 것이 무엇인지 발견한다면 정말로 놀라게 될 것이다.

예수님께서 제자들에게 말씀으로 예배를 가르치셨음이 확인할 수 있다.

예수님은 예배에 대해 무엇을 **가르치셨는가**(taught)?

또 다시 복음서를 근거로 찾아보면, 예수님께서 제자들에게 구두로 예배를 가르치신 것을 확인할 수 있다. 종종 이런 방법으로 예수님은 현상에 도전하셨다. 그분은 성부 하나님께서는 예배자를 찾으신다는 사실, 예배는 영과 진리로 드려야 한다는 것과 자신이 안식일의 주인이시라는 사실, 사람들이 하나님께 바치는 제물과 그들의 삶의 방식 사이에 중요한 관련이 있다는 사실, 그리고 하나님을 기쁘시게 하는 예배와 화목함 사이의 많은 관련성, 공적 기도에는 일정한 규칙이 있어야 한다는 사실, 희생적인 헌금이 하나님을 기쁘시게 한다는 사실, 의와 자비는 참된 예배의 열매라는 사실을 가르치셨다. 이 스승(Rabbi)은 우리에게 예배에 대해 정말 많은 이야기를 하고 싶어 하셨다! 본서는 모든 장들마다 예배자이신 예수님의 멋진 모습들이 상세하게 파헤쳐질 것이다.

현재 우리가 받고 있는 가장 시급한 요구는 만약 우리의 스승이신 예수님(Teacher Jesus)이 오늘날 우리 사이에 함께 계시다면, 우리에게 무엇을 보여 주실까를 알아내는 일이다.

만약 우리가 그분을 면밀히 주목하고 그분의 말씀을 확실하게 들을 수만 있다면, 과연 예배에 대해 무엇을 배울 수 있을까?

나는 혹여 이 생각들이 기존의 것들을 헝클어뜨릴 수 있다고 생각한다. 우선 오늘날 우리가 알고 있는 예배가 혼란스러워질 것이다. 그것은 괜찮다. 어쩌면 그 과정 또한 겪어야만 할 수도 있다.

본서는 그리스도의 제자가 하나님께 바르게 예배하는 것을 배우는 것에 관한 책이고, 그렇게 되는 최선의 방법으로 예수님의 예배 방식을 모방하는 것을 제시한다. 모방할 것은 무궁무진하다. 왜냐하면, 복음서에는 예수님이 예배에 대해 가르치시는 것보다, 예수님이 예배에 참여하시는 모습이 훨씬 많이 기록되어 있기 때문이다. 이 두 가지를 다 살펴 적용하겠지만, 예배 제자도를 올바르게 깨닫는 가장 중요한 길은 바로 모방을 통해 예배하는 예수님의 헌신적인 제자가 되는 것이다.

3. 오늘날 예수님은 어떻게 예배하실까 숙고하기

1) 예배 제자도

어떤 이가 그리스도를 믿게 될 때, 그다음 단계는 제자도이다. 대부분의 제자훈련 프로그램은 다음의 질문들, 즉 새 신자에게 어떻게 기도해야 하고, 어떻게 성경을 읽어야 하며. 자신들의 신앙생활을 어떻게 나누고, 어떻게 다른 사람들을 섬기는지를 배우는 데 집중되어 있다. 그러나 "새 신자가 어떻게 하나님을 예배하는 것을 배우는가?"에 대해 명시적으로 가르쳐주는 제자훈련들은 거의 없다.

그러나 사실 이것이 가장 시급한 질문이다. 왜냐하면, 예배는 우리와 하나님, 그리고 우리와 교회와의 관계의 핵심이기 때문이다. 사실상 예배가 가장 중요한 핵심이다. 새 하늘과 새 땅이 하나님의 성전이 될 때(계 21:1-5, 22), 하나님의 사명(mission)이 완성된다는 사실이 그 증거이다. 궁극적으로, 예배는 하나님의 미션이다.

안타깝게도, 우리는 너무나 쉽게 예배자들을 제자로 훈련시키는 일을 간과한다. 그리고 그저 새 신자들이 교회에 계속 출석하는 동안 올바른 예배를 이해할 것이라고 믿는다.

하지만 사실상 교회에 출석하는 대부분의 사람이 가르침을 받지 않았을 가능성이 농후함에도 불구하고, 그들이 하나님께 예배하는 것을 체계적으로 배웠을 것이라고 추정하는 것이야말로 그런 접근방식이 가지고 있는 위험성이다. 시간이 갈수록 예배에 꼭 필요한 제자도가 없이는, 자신도 모르게 하나님이 기뻐하시지 않는 예배를 반복하고 있을 가능성이 높다.

2) 예배 제자도의 (성경적 및 역사적) 사례들

예배 제자도는 새로운 것이 아니다. 그것은 구약 전체를 관통하는 주요한 주제였다. 예를 들면, 모세는 이스라엘의 장로들에게 자손만대에 자신들의 역사에서 가장 중요했던 예배 사건, 즉 유월절의 의미에 대해 신중하게 가르치도록 명령했다. 심지어 이스라엘 백성들이 애굽을 떠나기 전에도, 하나님께서는 모든 가정이 영원히 지켜야 할 연례 예배 의식을 제정하시며, 이스라엘 공동체에게 다음과 같이 예배 제자도를 마음 깊이 간직하라고 말씀하셨다.

> 너희는 이 일을 규례로 삼아 너희와 너희 자손이 영원히 지킬 것이니 … 이 후에 너희의 자녀가 묻기를 이 예식이 무슨 뜻이냐 하거든 너희는 이르기를 '이는 여호와의 유월절 제사라 여호와께서 애굽 사람에게 재앙을 내리실 때에 애굽에 있는 이스라엘 자손의 집을 넘으사 우리의 집을 구원하셨느니라 하라 하매 백성이 머리 숙여 경배하니라 (출 12:24, 26-27).

모세로부터 들은 이 말-"백성이 머리 숙여 경배하니라(출 12:27b)"-은 예배 의식이 되었다. 유대교 신앙에서 예배 제자도에 대한 강조는 구약 전체를 통해 종종 나타난다.[1]

후에 기독교의 초기 수 세기 동안, 교회는 초신자들을 체계적으로 훈련시키기 위한 세부 계획을 세웠다. 프로그램의 상당한 부분은 신자들에게 예배의 의미를 교육하고, 예배 참여자로서 자신들의 너무나 중요한 역할을 어떻게 수행해야 하는지 가르치는 내용에 할애되었다. 공동체 안에서

---

[1] 신 4:9-10, 39-40; 6:5-9; 시 78:1-8을 보라.

기도하는 법, 선포된 하나님의 말씀을 듣고 마음에 새기는 법, 세례와 주의 만찬에 참여한다는 것의 의미, 그리고 예배와 성도의 온전함과 섬김의 삶을 사는 것 사이의 관계가 포함되어 있다.

이런 제자도 프로그램은 결국 학습자가 수료하는데 수년이 소요되었고, 후에는 **세례예비자과정**(*Catechumenate*)[2]이라고 불리게 되었다. 이는 선생과 학생들이 구두로써 학습자들을 가르치는 과정인 **세례준비를 위한 신앙 교육**(*catechesis*)[3]에 참여한 것에서 기인한다(신앙 교육[*Catechesis*]은 구두로 가르치는 것을 의미한다).[4] 구두 체제는 수 세기에 걸쳐 다른 형식을 취하게 되었지만, 사용된 형식이 무엇이든 간에, 선생들은 구두로 교육했고 학생들은 자신들이 받은 교육이 "귀와 마음에 울려 퍼지도록"[5] 했다. 즉 학습자들은 가르침을 받은 후에 자신의 내면에서 그것이 공명되어 깊게 자리 잡도록 하였다. 그리고 배운 것을 이해함에 따라, 이제는 그것이 그들로 하여금 더욱 신실한 예배자가 되도록 했다. 학습의 정보가 내면세계의 형성으로 귀결된 것이다.

고대의 이런 학습 과정에서 예배 제자도는 구두 교육을 통해서 만큼이나 모방을 통해서도 형성되었다. 학생들은 예배 시에 선생들의 행위와 태도를 모방하고, 그런 후에 더 깊은 이해를 위해서 구두 교육에 참여했다. 모방 다음에 설명이, 그리고 이해한 뒤에는 행동이 뒤 따랐다. 제자도에 대한 이러한 접근법은 초기 기독교 모델의 핵심이었다. 따라서 교회는 기독교 제자도의 수단으로서 신중하고도 조직적으로 예배(그리고 다른 주제

---

2 Pasquato Ottorino, "Catechesis-Discipleship," in *Encyclopedia of Ancient Christianity*, ed: Thomas C. Oden and Joel C. Elowsky (Downers Grove, II : Intervarsity, 2014), 1:458.
3 kat-e-kee-sis라고 발음 됨.
4 Pasquato Ottorino, "Catechesis,"in Oden and Joel C. Elowsky, *Encyclopedia of Ancient Christianity*, 1: 443.
5 Pasquato Ottorino, "Catechesis,"in Oden and Joel C. Elowsky, *Encyclopedia of Ancient Christianity*, 1: 443.

들)에 관한 신앙 교육을 전했다. 사실 **제자도**(discipleship)는 초대 교부들이 이 과정에 대해서 선호하고 사용했던 용어이다.[6] 교회가 시작될 때부터, 이후 수 세기에 걸쳐서 새로운 그리스도인들은 무엇보다도 먼저 예배자로서 훈련을 받았다.

> 교회가 시작할 때부터,
> 새로운 그리스도인들은 무엇보다도 먼저 예배자로서 훈련을 받았다.

모든 그리스도인 제자들은 예배**에서**(in) 예배**함으로써**(by) 형성된다. 다시 말하면 우리가 듣는 성경, 우리가 노래하는 찬양, 우리가 드리는 기도, 우리가 듣는 설교, 우리가 봉헌하는 헌금, 우리가 나누는 성찬의 성물, 동료 예배자들에게 느끼는 사랑의 감정들-이 모든 것이 성령의 능력 안에서 연합하여 우리를 그리스도의 형상으로 변화시킨다. 예배는 고도의 변화를 이루어내는 이벤트이다. 그것은 때때로 "1차 신학"(primary theology)으로 언급될 만큼 변화시키는 힘, 즉 하나님에 대한 우리의 근본적인 이해가 시작되는 가장 중요한 예식인 것이다.

사실 수년 동안 나는 공동 예배(corporate worship)가 본질상 형성시키는 힘이 있다는 사실에 대해 숙고하지 않았다. 나는 **내가 예배를 만들었다**(I formed worship)라는 생각을 가지고 있었다. 하지만 나는 언젠가부터 **예배가 나를 만들어 간다**(worship forms me)는 사실을 발견했다.

나는 예배란 주로 하나님께 자신들을 표현하고, 더 나은 그리스도인의 삶을 살 수 있는 영감을 받기 위해서 사람들이 만들어 낸 예식으로 구성된 것이라고 생각함으로써 예배의 목적을 오해하였다. 예배에 참여한다

---

6   Pasquato Ottorino, "Catechesis-Discipleship," in Oden and Joel C. Elowsky, *Encyclopedia of Ancient Christianity*, 1: 458.

는 것은 그 자체로 매우 의도적인 영적 성숙과 변화를 이루는 행위라는 사실을 생각하지 못한 것이다. 나는 예배자들이 예배 예전에(모든 교회는 자신들의 예전을 가지고 있다) 신실하고 헌신적으로 참여할 때, 그들의 말과 행위를 통해 진정한 예배자로 빚어져 간다는 사실을 알게 되었다. 예배를 통해 하나님과 세상에 관한 우리의 관점이 지속적으로 재구성되기에, 예배는 우리 신앙의 가장 중요한 수단이 된다.

그러나 우리의 **관점**(view)만 바뀌는 것이 아니다. 더욱 중요한 것은, 참된 예배를 통해서 우리의 **애정**(affections)-우리가 사랑하게 되는 것 혹은 사람에 대한 사랑-이 다듬어진다는 사실이다. 공동 예배는 신앙**과**(and) 사랑의 권역에서 우리를 제자가 되게 한다. 예배가 알려주는 제자도는 다음과 같은 방식으로 요약될 수 있다. 내가 하는 대로 하라, 와서 내가 믿는 것을 믿고, 내가 사랑하는 것을 사랑하라.

3) 현재의 도전

시간이 지나면서, 대부분 교회와 특히 지난 50년간 북미 지역의 교회 예배에는 많은 변화가 있었다. 수많은 곳의 예배가 단지 얼마 전과 비교해도 사실상 식별할 수 없을 정도의 차이를 보인다. 변화는 긍정적일 수 있다. 모든 세대는 자신들의 시대와 장소에서 하나님께 예배하기를 추구하기 때문에 우리는 여기서부터 발생하는 중요한 변수들 또한 재고해야 한다. 그러나 다음과 같은 질문 또한 받을 수 있다.

현재 우리의 예배 관행을 조정할 때 우리는 누구를/무엇을 모방할 것인가?
예배 관행은 스승(Teacher)의 예배 방식에서부터 그 본말을 찾아야 하는가?

그렇지 않다면 다른 대가의 예배를 모방해야 하는가?

많은 교회들은, 최신의 문화적 트렌드를 따라가며 예배 관행을 바꿔간다. 트렌드 자체는 예배에 대한 하나님의 기대라는 견지에서 평가를 받을 때까지는 좋지도, 나쁘지도 않을 것이다. 그렇지만 예수님은 어떻게 예배하실까(HWJW)를 묻기도 전에 우리는 무의식적으로 어떤 사람, 혹은 과정, 혹은 산물을 모방하기로 선택하기에 이 점에 각별히 주의하는 것이 필요하다. 서두에서 명확하게 해두자. 예배 스타일을 중심으로 다루는 것은 내 관심사가 아니다. 안타깝게도 예배 스타일에 관한 논쟁들은 통상적으로 '예배 전쟁'이라 언급되기 때문에 모두에게 설명하지 않아도 그것이 무엇인지 안다.

예배 제자도가 무엇이건 간에, 그것은 반드시 스타일의 문제를 넘어선다(비록 스타일의 숙고가 관련이 없지는 않지만). 사람들은 종종 나에게 "예배에서 다음은 무엇입니까"라고 질문한다. 바로 그 질문이 우리가 트렌드에 민감하다는 사실을 시사한다. 우리는 흔히 "요즘 예배에서 유행하는 것은 무엇입니까?" 이거나, "당신이 예배에서 보고 싶은 것은 무엇입니까?", 혹은 "대형 교회들은 요즘 어떻게 합니까?"라고 질문한다.

나는 지금이 다음과 같은 심도 있는 질문을 할 시점이라고 생각한다.

예수님은 어떻게 예배하실까(How would Jesus worship-HWJW)?

만약 예수님이 오늘날 우리와 함께 계신다면, 그분은 어떻게 예배**하실까**(would)?

본서의 장들이 펼쳐질 때, 다양한 관점에서 이 질문을 살펴본 후, 현재 그리스도의 제자들을 위한 함의를 도출할 것이다. "왜냐하면, 그분 안에 있다고 주장하는 사람들은 그분이 사

셨던 것과 동일한 방식으로 살아야 되기 때문에"(요일 3:6) 이렇게 하는 것이다.

여러분은 부르심 - 다음과 같은 예수님의 부르심을 듣는가?
"와서 … 예배 중에 나를 따르라!"

4. 나는 어떻게 예배할 것인가 결단하기

1) 성찰

예배를 위한 우리의 롤 모델을 살펴본 후에, 이제 우리의 주님이신 스승(Master Teacher)께서 그분의 제자들에게 어떤 적용을 요구하실지 마주할 시간이다. 그 시작으로 다음의 질문들을 생각해보자.

- 만약 예수님이 이전에 그러셨던 것처럼 여기 우리와 함께 계시다면, 그분은 지금 어떻게 예배하실 것이라고 생각하는가?
- 당신은 예수님이 그분의 예배 형식과 관행들을 바꿀 것이라고 생각하는가? 만약 그렇다면 어떤 모습일거라 예상하는가?
- 내가 만약 예수님의 제자라면, 나는 예배에서 얼마나 기꺼이 인도자이신 예수님(Leader)을 따르고자 하는가?
- 나는 무엇을 바꿔야 할까?
- 내가 포기해야 하는 것은 무엇인가? 시도해야 하는 것은?
- 내 태도는 어떻게 변하게 될까?
- 내 초점은 어떻게 변하게 될까?

2) 상상하라

다음 주일이다. 당신은 교회의 주차장으로 차를 몰고 간다. 그리고 예배공간으로 들어가는 문을 통과해서 걷는다. 당신은 스스로가 학습자이고, 예수님께서 지금 당신의 예배 방식의 변화를 위한 롤 모델이라는 사실을 기억한 상태이다.

- 당신이 예배를 드릴 때, 지난 주일과 달라진 하나의 구체적인 방식을 찾아보라.
- 이 책을 읽고 묵상하기 시작하면서, 하나님께서는 예수님의 추종자인 당신에게 개인적으로 어떤 예배로의 초대를 하고 계시다고 생각하는가?
- 결과적으로, 이번 주일, 그리고 이후 매 주일마다 취할 구체적인 행보는 무엇인가?

3) 행동

나는 하나님의 도우심으로 앞으로 예배를 드릴 때 _____ 할 것을 다짐한다.

4) 기도

주 예수 그리스도시여,
저를 그리스도의 제자로 불러주셔서 감사합니다.
예배를 위한 참된 제자로 예수님을 따르도록 도와주옵소서.

성령님을 보내 주셔서 당신의 진정한 제자가 되도록 저를 강건하게 해 주옵소서.
하나님께 모든 영광을 올려드립니다. 아멘

제2장

예배의 우선순위

핵심 질문 : 예수님께 예배는 얼마나 중요했는가?

우리 모두에게는 다른 것보다 시간과 관심을 훨씬 더 쏟는 것, 즉 우선순위라고 불리는 몇 가지가 있다. 우선순위는 사람, 장소, 물건, 혹은 외부 활동들을 하면서 자연스럽게 만들어진다. 우리는 친구, 배우자, 자녀, 혹은 주말 소프트볼 리그에서 만난 동료에게 집중하고 살면서, 특정한 사람들에게 우선순위를 두기도 한다. 때로는 숲속의 오두막집, 해변, 동네 카페, 좋아하는 골프 코스, 혹은 텔레비전 앞의 안락의자 등과 같은 장소가 우리의 우선순위가 될 수 있다. 또한, 자동차, 스포츠 기념품, 골동품, 또는 차세대의 과학기술 장난감 같은 물건들이 우리의 우선순위일 수 있다.

우선순위란 어떤 물건이나, 어떤 사람을 다른 선택 가능한 조건들보다 더 중요하다고 간주하는 문제이다. 다시 말하면, 우리가 우리의 시간, 관심, 그리고 돈과 같은 것들에 최고의 지위를 부여하는 것을 말한다. 여러분도 살아오면서 "우선순위가 무엇인가?"

이런 질문을 받은 적이 분명 있었을 것이다. 그것은 결국 여러분이 가치를 부여하는 것이 무엇인가를 묻는 질문이다. "어디에 우선순위를 두고 있는가?"라고 물을 가능성도 있다. 그런데 이런 식으로 말한다면, 우선순위는 잃을 수도, 되찾을 수도 있다는 것처럼 들린다. 문자대로라면,

우선순위가 잘못되었을 때 우리는 우선순위를 '잃을' 수 있다. 그리고 우리에게 중요한 것이 무엇인지 비로소 깨닫게 되었을 때 우리의 우선순위를 '발견'할 수 있는 것이다. **우선순위**(priority)라는 단어는 '**우선하는**'(prior)이라는 단어와 관련되어 있다. 우선순위는 모든 것 중에 우선하는 것을 뜻한다.

1. 지금 우리가 예배하는 방식 묘사하기

1) 도대체 예배는 얼마나 중요한 것인가?

몇 년 전, 목사그룹의 연례 평생-교육 수련회에 연사로 초청을 받았다. 컨퍼런스에 앞서 기획팀과 미팅을 하던 중, 팀 멤버들(목사들)에게 "이번 수련회의 마지막 즈음에 참석자들이 배워야 할 '핵심 가치'가 무엇인가"를 물었다. 질문을 마치자마자 목사님들은 즉각적이고 명확하게 대답했다. 그것은 "교인들이 신앙, 삶, 그리고 예배에 대한 우선순위를 이해하도록 어떻게 도울 수 있을까?"였다. 그들은 다수의 사람들이 예배라는 것이 선한 사람들-**선한**(good) 사람들만이 교회에 출석한다-만이 드릴 수 있는 행위라고 생각하는 현실을 지적했다.

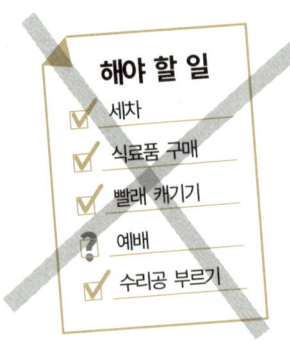

대부분의 사람은 일반적으로 정직한 사람들이 교회에 다니고 있다고 생각한다. 교회에 출석하는 목적이 공동체에 소속되는 것이고 시민으로서 의무를 행하는 것의 일환이며, 심지어 인맥 관리의 장이라고 여긴다. 기획 팀은 이러한 관점들이 교인들에게서 공동 예배의 참된 실재-즉 그

능력과 아름다움, 그들의 삶에 필요한 은혜가 공급되는 것, 교회 사역에 생명을 공급하는 그 힘-를 경험할 기회를 빼앗아간다는 사실을 절감하고 있었다. 요약하면, 그들의 교인들은 예배에 대해 세속적인 견해를 취하고 있었던 것이다. 그들은 전국적으로 예배 출석률이 감소세에 있다는 사실이 전혀 놀라운 것이 아니라고 결론지었다. 일단 성도들이 예배에 출석하는 것을 그저 동등한 선택사항들 중에 하나의 선한 활동이라고 믿기 시작하면, 예배에서 믿음의 공동체와 함께하기로 결단하는 것은 더 이상 우선순위가 아니라는 것이다.

문제 중 하나는 우리가 **예배**(worship)라는 말을 그 외의 다양한 것들, 즉 감정을 불러일으키는 라디오의 대중적 종교음악, 현대 음악 스타일, 예배 콘서트, 개인적인 기도 모임에 사용한다는 사실이다. 심지어 그것을 예배의 찬양 순서만을 가리키는 것이라고 잘못 생각하기도 한다. 그래서 우선 일부 용어를 명확하게 확인할 필요가 있다.

예배(worship)란 무엇인가?

예배에 관해서 말할 때 다양하고 적절한 방식들이 있지만, 본서는 '교회'의 표현으로서 인정되고, 확립된 신앙 공동체에서 하나님의 백성들이 매주 모이는 맥락에서 행해지는 예배에 초점을 둔다(이런 모임은 교회 건물 안에서 드리거나 그렇지 않을 경우도 있을 수 있다). 그것은 통상적으로 '예배'(worship service)라고 불리는 것에 관한 것이다. 이것은 성경적으로, 또 역사적으로 깊이 뿌리를 둔 용어로서, 우리가 만나서 찬양, 기도, 찬송, 말씀, 그리고 성례전(Sacrament)/조례(ordinance)[1]를 통해서 하나님과 다른 사람을 섬기고, 또 모임과 파송의 확장 의미로 세상에서 우리의 섬김을 지속하는 것을 의미한다.

---

1 다른 개신교 교단들은 세례와 성찬을 이 두 용어 중의 하나로 언급한다.

공동(corporate) 예배란 무엇인가?

공동 예배는 교회를 형성하는 그리스도의 몸인 지체들과 함께, 그리고 그들에 의해서 행해지는 예배를 뜻한다. 그것은 개인이 드리는 예배와 달리 그리스도의 형제자매들이 실질적으로 참여하여 함께 드리는 예배이다.

기독교(Christian)의 공동 예배는 무엇인가?

그것은 성부, 성자, 그리고 성령의 삼위 하나님[2]을 예배하는 것으로 성육신하신 예수님(Incarnate Jesus)[3]의 지속적인 사역에 의해 중재되는 예배이다. 기독교의 공동 예배는 예배자들 사이에 부활하신 예수님께서 임재하심의 실재를 인정하는 예배이다.

기독교 공동 예배가 이와 같이 우리가 이해하는 그 장엄한 실재로 되기까지는 상당한 시간이 걸렸다. 우리가 유산으로 받은 예배는, 성령에 의해 시작되었고, 교회에 의해서 그 모양을 갖추었으며, 고대 유대교 관례들에 근원을 두었다. 그리고 사도들에 의해 과감하게 재해석되었으며, 초대 교회가 사랑으로 키워냈고, 또 역사적인 공의회들에서 교부들의 지도로 신중하면서도 명료하게 표현되었다. 예배에 대해 우리가 갖고 있는 바른 이해는 수 세기에 걸친 신학적 성찰들의 영광스러운 정점과도 같다.

본서 전체를 관통하고 있는 **예배**(worship)라는 용어는 기독교의 공동 예배를 말하는 것이다. 예배의 정의는 다음과 같다.

> 예배는 그리스도의 제자들로 이루어진 지역 교회와 삼위일체 하나님과의 정기적이고, 지속적인 모임이다. 그것은 하나님께 영광을 돌리고, 하나님의 백성인 자신들의 정체성을 증언하며,

---

2   기독교 하나님은 성부, 성자, 성령의 삼위(삼위일체)로 계시는 한분 하나님이시다.
3   육신으로 계신 예수님.

> 대서사시와도 같은 하나님의 영원한 사역을 선포하고 경축하여,
> 하나님 나라의 목적에 따라 살아갈 수 있는 능력을 받기 위해
> 서로 협력하여 행해지는 공동의 헌신이라는 행위로 표현된다.

이제 우리가 **예배**(worship)라는 용어를 어떻게 사용해야 하는지 분명하게 이해했기 때문에, 우선순위에 대한 질문으로 다시 돌아가 볼 수 있다.

도대체 그리스도의 제자들뿐만 아니라, 교회를 위해서도 예배는 정말 얼마나 중요한 것인가?

이 질문에 대답하기 위해서 우리는 우리의 스승을 바라보아야만 한다. 예수님께 예배는 얼마나 중요했는가?

핵심 질문 : 예수님께 예배는 얼마나 중요했는가?

---

2. 예수님은 어떻게 예배하셨는지 발견하기

1) 예수님처럼 예배하기 : 그분의 우선순위 발견하기

예수님에 대해 이야기할 때, 사람들은 대부분 그분의 가르침과 기적들뿐만 아니라, 그분의 지상에서의 삶, 즉 그분의 탄생, 죽음, 그리고 부활 등 중요한 사건들에 초점을 맞춘다. 그렇지만 사복음서 전체를 심도 있게 읽어 보면 예수님은 매우 헌신된 예배자로 표현되어 있다. 그것은 예배가 예수님께 얼마나 중요한 의미였는지에 관한 놀라운 통찰력을 보여 주고, 예수님의 삶에 있어서 예배가 가장 핵심적인 역할을 했다는 놀라운 사실을 깨닫게 한다. 그것은 예수님이 가르치고 행하시며 경험하셨던 모든 것

이 예배의 맥락에서 이루어졌다는 사실을 입증한다. 일단 예수님의 삶 전체가 예배의 삶이었다는 사실을 이해한다면, 그분의 사역을 예배자 예수님과 분리해서 말하는 것은 불가능하다. 예배가 예수님께 얼마나 중요했는지 깨닫는다면, 그분이 하셨던 다른 모든 것들은 우리에게 새로운 의미를 가져다준다. 예배는 예수님께 너무나도 중요했다. 사실상 예배는 예수님의 우선순위였다.

(1) 공 예배(Public Worship)

공 예배는 예수님의 지상 사역의 시작과 끝을 의미한다. 요단강에서의 예배 경험이 그 시작이다. 예수님의 세례는 팔레스타인 땅에서 앞으로 수년간 일어날 그분의 희생적 섬김을 시작하게 함으로써, 하나님의 아들로서의 정체성을 기적적이고 공개적으로 선포했던 취임 사건과도 같았다.

예수님의 세례는 가장 중요한 하나의 예배 사건이다. 그것은 예수님께서 이미 예배의 자세를 취하시고 기도하셨을 때 일어났다(눅 3:21-22). 그리고 삼위 하나님의 임재가 적극적인 역할을 하고, 세례 요한의 예언적 선포("주의 길을 예배하라")와 이후에 상징적인 행동(물세례)이 이어졌던 일련의 과정 가운데 일어났다. 예언자 요한에게는 그의 출생 때부터 부름받아 예정되었던 종교적 의식이었다(눅 1:13-17을 보라).

비록 무죄한 예수님은 회개와 씻음(요한의 세례가 의미하는)이 필요하지 않았지만 성부에 대한 순종의 행위로서, 그리고 그분이 섬기려는 사람들과 한 몸이 되기 위해 물에 들어가셨다. 그렇게 함으로써 사역을 위해서 그분께 능력을 주시는 성부와 성령의 확증을 받았다. 예수님께서 "하나님이 요구하시는 모든 것을 수행하시려고"(마 3:15 NLT) 작정하셨던 시작부터 이 모든 것을 보여 주셨다는 사실을 감안할 때, 예수님이 이런 중대한 예배 사건 없이 하나님의 부르심을 맡으시려고 하셨다는 것은 상상할 수 없는 일이다. 그분은 예배자로서 그렇게 하셨다.

예수님의 지상 사역은 예배라는 맥락에서 일어났던 또 다른 위대한 사건인 그분의 승천하심으로 끝을 맺었다. 하나님께서 자신을 보내시어 맡기신 모든 것을 완수하신 후에, 예수님은 한 마디 말씀도 없이 제자들의 시야로부터 그저 사라지실 수도 있었다. 하지만 예수님은 예배의 행위로 승천하셨다. 이것에 대해 누가는 그때의 상황들을 자세히 나열하며 설명한다(눅 24:50-53; 행 1:6-12를 보라).

예수님은 남아있는 열 한 명의 제자들을 그분의 야외 기도 장소로 잘 알려진, 베다니 근처에 있는 감람산으로 부르셨다. 그곳에서 성령을 보내시겠다는 말씀을 선포하셨고, 이것이 의미하는 바를 다음과 같이 가르치셨다. 예수님은 그들 위에 자신의 손을 올리시고 축도를 선포하셨다. 바로 이 예배를 드리시는 동안에 예수님은 하늘로 들리셨다. 그리고 다음과 같이 예배는 계속되었다.

> 그들이 [그에게 경배하고] 큰 기쁨으로 예루살렘에 돌아가, 늘 성전에서 하나님을 찬송하니라(눅 24:52-53).

예수님의 지상 사역의 시작과 끝이 되는 이 일련의 사건들을 보며, 공예배는 예수님께 시작부터 끝까지 중요했다는 사실을 알 수 있다. 이제 우리는 그분의 평생에 예배가 얼마나 중요했는지에 관한 많은 사례들을 발견할 것이다.

(2) 개인 예배(Private Worship)

공 예배에 대한 헌신의 증거들이 풍부한 만큼, 예수님은 개인 예배에도 비슷한 헌신을 보이셨다. 예수님은 개인 기도를 우선순위에 두셨다. 자주 언덕이나 한적한 곳으로 떠나셔서 홀로 하나님께 기도하셨다(막 1:35; 마 14:23). 또한 예수님은 중요한 결정의 시간이나 큰 위험이 닥쳤을 때에도 일관되게 기도하셨다.⁴ 예수님은 열 두 제자를 부르시기 전에도(눅 6:12-13), 베드로가 부인하기 직전에 그의 믿음을 위해서도(눅 22:31-34), 현재와 미래의 모든 성도가 악에 빠지지 않고 보전되도록(요 17:15), 잡히시던 밤 예수님 자신을 위해서(눅 22:42), 그리고 십자가에 달리셔서도 그분을 죽이려는 자들을 위해서(눅 23:34) 기도하셨다.

복음서를 읽은 후, 여러분은 예수님께 예배란 다른 여러 것들 가운데 선택된 하나의 대안일리는 없을 거라고 믿는다. 또한, 예수님께 예배는 편안할 때 참석하는 어떤 것이 아니었다. 반대로 예수님께 예배란 다름 아닌, 온 마음을 쏟아 붓는 긴박한 매 순간의 우선순위였다. 해롤드 베스트(Harold Best)도 다음과 같은 동일한 결론을 말한다.

> [예수님의] 지상에서의 삶은 33년간의 끊임없는 예배였다. 그분은 부단히, 순종함으로, 완전하게 성부를 이해하시는 온전한 예배자이시다. 이런 의미에서 그리스도는 우리에게 아담과 하와가 자신들의 예배를 어떻게 계속해야 했는지를 보여 주러 오셨다. … 하나님이시면서 또한 하나님의 형상이신, 창조주이시고 피조물이신(creature) 지상에서의 그리스도-모든 사람 중 가장 사랑스러운 분-는 타락한 조상들이 계속해서 어떻게 예배해야만 했는지, 그리고 그리스도의 몸인 교회가 결국 어떻게 예배해야 하는지 완전하면서도 생동감 있게 보여 준다.⁵

---

4   Sean A. Harrison, "Jesus' Prayers," in *NLT Illustrated Study Bible* (Carol Stream, IL: Tyndale), 1,855.
5   Harold M. Best, *Unceasing Worship: Biblical Perspectives on Worship and the Arts* (Downers Grove, IL: InterVarsity, 2003), 24-25.

3. 오늘날 예수님은 어떻게 예배하실까 숙고하기

1) 교회 안에서 예배의 우선순위

삼위일체이신 한 분 참 하나님의 예배자가 되는 것은 창조로부터 재창조의 때까지 하나님께서 주도하신 모든 것들의 주된 목적이 된다. 결과부터 말하자면 창세기부터 요한계시록까지 모든 성경의 주제는 '예배'이다. 성경 속 몇 가지의 예화들만 언급하더라도 예배는 언약, 구속, 혹은 칭의와 같은 다른 중심 주제들을 포함하고 있다고 말할 수 있다.

하지만 모든 주제 중에 과연 어떤 것이 궁극적인 목적인가?

그것은 바로 살아계신 하나님을 예배하는 자를 만드는 것에 있다. 시작부터 끝까지, 하나님은 창조 질서들이 발전되는 찬양과 희생적인 예배를 점점 더 깊이 표현하도록 이끄신다. 사실상, 예배는 요한계시록이 묘사하는 것처럼 구속사의 정점이다(계 5:11-14와 19:6-8을 보라). 에덴 동산에서 하나님과 처음 창조된 두 사람 사이에서 생겼던 친밀함으로 시작되었던 모든 행위는, 시간과 장소를 통틀어 많은 사람들의 영광스러운 찬양-너무나 많아서 누구도 헤아릴 수 없는-의 어우러짐이라 볼 수 있다.

> 큰 소리로 외쳐 이르되, 구원하심이 보좌에 앉으신 우리 하나님과 어린 양에게 있도다!(계 7:10 NRSV).

하나님을 예배하는 것은 모든 하나님 스토리의 중심이 되고, 또한 성경 전체의 핵심 주제이다. 그러므로 **예배는 하나님의 미션이다!**

사명 선언은 오늘날 모든 곳에서 흔히 볼 수 있다. 실제로 모든 기관, 사업, 그리고 심지어 일부 개인들도 자신들의 독특한 사명 선언을 한다. 사명 선언이라는 것은 본질적으로 그룹이나 개인이 자신들의 목적하는 바의 결과를 성취하기 바란다는 의지를 보다 선명하게 드러내는 것이다. 목적이란 무언가가 **왜**(why) 존재하는지를 의미하고, 사명은 그 목적의 결과로서 **행해지는 것**(what is done)을 뜻한다.

예배는 하나님의 사명이다. 다시 말하지만, 삼위일체로 계신 한 분 참 하나님을 예배하는 것은 모든 것들의 영원한 목적이다. 하나님은 지금까지 예배를 받아오셨고, 앞으로도 영원히 예배를 받으실 것이다. 하나님은 시간 전(창세 전)부터 예배를 받으셨다. 하나님은 예배로써 표현되는 우리와의 관계를 위해 자신의 형상으로 인간을 만드셨다(창조[Creation]). 위의 내용에서 알 수 있듯이 창조질서가 하나님께서 목적하신 결론에 도달하여 예배를 위한 온전한 장소로서 다시 만들어질 때(재창조), 하나님의 아들로 말미암아 구속받은 사람들의 예배는 하나님께 기쁘게 올려질 것이다. 더욱 중요한 것은, 모든 피조물이 새롭게 되어 자신들의 방식으로 재창조된 예배 환경에 참여할 것이라는 사실이다. 예배자를 만들고 부르는 것은 하나님의 목적을 성취하시기 위해 하나님께서 '하실 일'(up to)이다. 그리고 그것은 하나님이 사랑이라는 한 단어로 표현될 수 있다.

하나님은 사랑**이시다**(is)!

하나님의 목적은 그분의 형상으로 만든 사람들을 예수 그리스도로 말미암아 그분이 주신 사랑의 관계로 초청하시는 것이다. 하나님의 목적은 사랑이시고, 하나님의 사명은 그분이 제공하시는 사랑의 관계를 받아들이시며, 그 관계에 참여하도록 예배자들을 초청하시는 것이다.

만약에 예배가 하나님의 사명이라면, 지역 교회의 매주 예배는 교회가 행하는 일 중 가장 중요한 것이라고 할 수 있다. 그리고 예배는 또한 예수님의 추종자로서 우리 제자도의 중심에 있다. 그것은 영원한 미래의 지상적 표현이다. 예배란 다음과 같은 사실- 한 분 하나님이 계시다는 사실, 그리고 이 참 하나님이 인간-피조물 중 가장 위대한-과 만나고, 그들을 모으시며, 그들에게 말씀하시고, 그들로부터 들으시며 양육하신 후에, 하나님의 사랑이라는 복음을 선포하도록 그들을 파송하신다는 사실-에 대한 하나님의 백성의 담대하고 공개적인 증언이다. 하나님은 부활하신 주 예수 그리스도의 실재를 통해서, 그리고 그 실재와 함께 성령의 능력으로 그들과 만나신다. 예배는 우리 제자도의 기초가 되고, 교회의 모든 사역의 영적인 근원이 되며, 과거, 현재. 미래의 전 세계에 있는 교회와 우리의 연합을 표현하는 방식이다. 예배의 심오한 의미가 다음과 같이 절박한 우선순위로 표현될 수 있다고 말하는 것도 과언이 아니다.

> 기독교 예배는 인간의 삶에서 가장 중대하고, 긴급하게 여겨야 하며, 가장 영광스러운 행동이다.[6]

2) 현재의 도전

본 장의 서두에서, 예배의 중요성에 대해 잘못된 관점을 가지고 있는 성도들을 염려하는 목사의 이야기를 했다. 이 글을 읽는 여러분은 예배를 우선순위에 둘지 모르지만, 회중의 다른 이들은 그렇지 않을 확률이 높다. 사실상, 그것이 바로 복음주의 기독교인, 주류 기독교인, 가톨릭교도들의 심각한 예배 출석 양상에 관련해서 일부 통계가 나타내는 바이다.

- 주일에 교회에 출석하는 미국인은 20퍼센트가 되지 않는다.[7]

---

[6] 칼 바르트(Karl Barth)로부터.
[7] *Outreach* magazine, "7 Startling Facts: An Up Close Look at Church Attendance in America," Church Leaders, April 10, 2018, accessed June 4, 2018, https://churchleaders.com/pastors/psator-articles/129575-7-startling-Facts-an-up-close-look-at-church-attendance-in america.html.

- 23-25퍼센트의 미국인은 두 달에 적어도 3주는 교회에 출석한다.[8]
- 많은 목사는 보고서를 통해 교인 중 40-60퍼센트는 교회 내 활동을 하지 않는 성도들이라고 한다.[9]
- 미국 기독교인들의 교회 출석률은 십 년마다 꾸준히 감소하고 있다.[10]
- 미국인 73퍼센트는 자신을 그리스도인이라고 밝히고, 자신들의 삶에서 신앙이 매우 중요하다고 말한다.[11] 그렇지만 이러한 숫자와 교회 출석률을 비교해보면, 출석률은 가파르게 감소한다. 일례로, 바르나 그룹(Barna Group)은 지금 한 달에 한 번 교회에 출석하는 사람을 "활동하는 그리스도인"[12]이라는 범주에 넣을 것을 고려하고 있다.

갤럽은 교회의 높은 출석률을 보고하고 있지만, 모든 요인을 종합해보면, 바르나의 결과가 보다 현실적일 것이라 갤럽 또한 인정한다.[13] 또 다른 여론 조사 그룹인 퓨리서치센터(Pew Research Center)도 유사한 결과를 보고한다.[14] 요약하자면, 오늘날 미국에서는 교회 출석이 우선순위가 아니라는 공감대가 형성되어 있다.

---

8   *Outreach* Magazine, "7 Startling Facts."
9   *Outreach* Magazine, "7 Startling Facts."
10 *Outreach* magazine, "7 Startling Facts."
11 Barna Group, "The State of the Church 2016," *State of the Church & Family Report*, September 16, 2016, accessed June 4, 2018, https://www.barna.com/research/state-church-2016/.
12 Barna Group.
13 갤럽의 이전 편집자인 프랭크 뉴포트(Frank Newport)는 여론 조사가 모든 사람이 자신을 어느 정도 긍정적으로 보이려고 하는 경향을 가지고 있는 사실에 영향을 받는다는 것에 동의한다.
14 "Attendance at Religious Services"를 보라. Pew Research Center, accessed January 2019, http://www.pewforum.org/religious-landscape-study/attendance-at-religious-services/.

그렇다면 기독교 신자에게 공동 예배는 얼마나 중요해야만 하는가?
과연 예배는 교회에 얼마나 중요한 요소인가?
예배는 반드시 우리의 우선순위이어야만 하는가?
어떤 일보다 우선하거나, 혹은 모든 일보다 먼저인가?

여기서 우리는 새로운 질문인 **누가**(who) 우리의 우선순위를 정하는가에 대해 물어보아야 할 것이다.
우리가 그것들을 정하는 것인가, 혹은 다른 누군가가 정하는가?

3) 예배를 대체하는 것들

정확하게 말하면 교회 출석률의 감소 원인을 해결하기 위해, 목회현장에서 예배를 보다 매력적으로 재해석한 '예배 대체물들'(worship substitutes)이 다수 생겼다. 이것들을 통해 예배 출석률의 급상승을 주도할 것이라는 소망을 두고 아래의 접근법들이 사용되고 있다. 다음은 요즘의 교회들에게서 일반적으로 발견되는 몇 가지의 예배 대체물 실제 사례이다.

(1) 프로그램 모델
기독교 버라이어티 쇼와 같은 기능을 하는 것으로, 프로그램 예배는 청중이 즐길 수 있도록 무대 위에서 행위의 연속물로 구성된다(유명인사의 인터뷰, 재미 있는 뮤지컬에서 추출한 것, 특별 비디오 상영, 행위 예술가, 코믹한 설교자들 등등을 생각해 보라). 오락이 주목적이다.

(2) 콘서트 모델
콘서트 음악이 주도하는 모델은 사람들이 듣고 즐기도록 예배 밴드가 대중적인 기독교 음악을 연주한다. 감흥을 일으키는 것이 목적이다.

(3) 복음주의적 모델

복음 전도의 목적으로 교회에 다니지 않는 사람들을 끌어 오기 위해서 다양한 비종교적인 활동들(다양한 경품 추첨, 무료 음식과 음료수, 선물 증정 등등)을 광고한다. 이것을 믿고 참석하는 사람들은 일종의 미끼 상술을 경험할 것이다. 영혼들을 이끌어 오는 것이 목적이다.

(4) 시민 모델

공동체 출신의 초대 연사들, 혹은 저명한 정치적 인물들이 교회가 지역 공동체에서 가지고 있는 높은 지위를 보여 주거나, 사회적, 정치적 방면에서 구성원들에게 영향을 드러내기 위해서 등장한다. 이것은 예배보다는 세속적인 집회의 특징을 더 보일 가능성이 있다. 사회적 참여가 목적이다.

이러한 일련의 활동들은 꽤 괜찮은 영향을 미치거나, 심지어 적절한 것으로 권장되기도 한다. 그러나 만약 성도의 출석률을 증가시킬 마케팅 목적에 맞추어 예배를 구성하기 시작한다면 우리가 본질에서 얼마나 쉽게 벗어날 수 있는가에 주목하기를 권한다. 이러한 대체물들, 혹은 그것과 비슷한 것들은 청중을 끌어올 수는 있지만, 본서를 통해 이해하는 예배와 같은 기독교 예배는 아니다.

하나님의 백성이 하나님을 예배하려는 명백한 목적으로 매주 모이는 것은 그 어떤 다른 것과도 비교할 수 없는 모임이다!

이런(this) 예배는 다른 어떤 종교적인 모임과도 확연히 다르다.

종종 우리는 주변 환경을 반영하라는 압박감을 받는다. 만약 주의하지 않으면, 우리가 인식하지 못하는 사이에 대중문화가 우리의 우선순위에 영향을 미치게 된다. 결코 세속적인 문화가 우리의 우선순위를 결정하도록 해서는 안 된다. 이 세상의 그 어떤 것들로부터도 해답을 얻을 수 없기 때문이다. 대신에 우리는 "하나님의 뜻이 무엇인지 - 마음을 새롭게 함으로 변화를 받아 하나님의 선하시고 기뻐하시고 온전하신 뜻이 무엇인지 분별하도록(롬 12:2) 추구해야 한다. 예배에 관해서 무엇이 선하고, 하나님이 기뻐하시는 것은 무엇이며, 더 원대한 관점으로 온전한 것을 구별하기 위해서는 하나님이 정립하신 예배의 원칙을 구약과 신약에 나타난 증거들을 찾아 확인하는 것이다.

예배는 예수님을 따르는 우리 제자도의 문제이기 때문에, 지상에서 예수님이 예배를 어떻게 우선순위에 두셨던가를 확인하는 것이 가장 중요하다. 프랭클린 지글러(Franklin Segler)는 그것을 다음과 같이 잘 정의하고 있다.

> 하나님은 하나님의 영광만을 위해서 예배를 받으신다. 목적에 대한 수단으로서가 아니라 … 교회의 성장이 아닌, 예배가 교회의 우선순위가 되어야만 한다. 제일 먼저, 교회들은 하나님이 어떻게 영광을 받으실까 고려하지 않은 채, 모든 문화적 규범과 혁신적인 예배 형식을 포용하고자 하는 유혹에 맞서기 위해 어떤 희생도 치를 각오가 필요하다.[15]

만약 오늘날의 예배를 프로그램이나, 콘서트, 복음 전도, 혹은 시민들의 교류의 기회로 본다면, 우리는 우선순위를 상실하게 될 것이다. 우리는 잃었던 우선순위를 반드시 다시 찾아야 한다. 우리는 다른 목적을 위해서, 또한 하나님을 기쁘시게 하는 것 둘 다를 위해서 예배를 선택할 수 없다. 토서(A.W. Tozer)는 그것을 다음과 같이 잘 정리하고 있다.

---

15 Franklin M. Segler. *Understanding Preparing for, and Practicing Christian Worship* (revide by Randall Bandley), 2nd ed. (Nashville: Broadman and Hotman, 1996), 10-11.

> 예배가 우리 안에 계시는 그리스도보다 우리 주위에 있는 문화를 더 많이 반영한다면, 그것은 더 이상 예배가 아니다.¹⁶

예수님이라는 렌즈를 통해서 하나님의 관점으로 본 참된 예배가 무엇인가를 알게 될 때에야, 비로소 우리는 우리의 진정한 최우선 순위를 재발견할 것이다.

하나님 앞에 교회로서 모인 신자들의 신실한 예배를 그리스도인 삶의 최우선 순위로 삼아야 한다. 법률적으로나 통계적으로 더 나은 출석률을 보고하기 위해, 혹은 교단 지도자들로부터 받은 부담이나, 혹은 다른 교회들과 경쟁하기 위해서 예배를 우선순위로 만드는 것이 아니다. 예배라는 용어 자체가 우선순위이다. 왜냐하면, 우선순위가 **되지 않으면 안 되기**(should be) 때문이 아니라, 우선순위가 되는 것이 **필수적이기**(must be) 때문이다. 그리고 예배의 우선순위가 **필수적인**(must be) 이유는 우리가 하나님의 사랑과 예배의 목적을 정확하게 이해하시고, 그분의 우선순위로서 예배의 모범을 보이셨던 예수님의 진실한 제자이기 때문이다.

예수님은 어떻게 예배하실까?(HWJW)

예수님은 아마도 그것이 그분의 삶에서 가장 중요한 일인 것처럼 예배하실 것이다.

여러분은 부르심-다음과 같은 예수님의 부르심을 듣는가?

"와서 나를 따르라 … 예배를 최우선 순위에 두라!"

> HWJW? 예수님은 아마도 그것이 그분의 삶에서
> 가장 중요한 일인 것처럼 예배하실 것이다.

---

16 A. W. Tozer. *A Disruptive Faith: Expect God to Interrupt Your Life*, ed. James L. Synder (Ventura. CA: Regal, 2011), 5.

4. 나는 어떻게 예배할까 결단하기

1) 성찰

예배를 위한 우리의 롤 모델인 예수님을 살펴본 후에, 우리의 주님이신 스승(Master Teacher)께서 제자들에게 요구하실 적용들을 살펴볼 시간이다. 우선 이런 질문들을 숙고해 보라.

- 여러분의 예배 출석 습관에 대해서 성찰해 보라. 수년 동안에 어떤 변화가 있었는가?
  만약 변화가 있었다면, 어떤 것이 여러분을 매주의 예배로부터 멀어지게 했는가?
- 공동 예배가 여러분의 삶의 기본 리듬을 확실히 드러내는가?(예배가 여러분의 매주 삶의 최고가 되고, 그것으로부터 매일의 삶이 흘러나오는가?)
- 만약 여러분이 예배에 정기적으로 잘 참석한다면, 그것을 삶에서 우선순위로 만드는 일을 위해 다른 어떤 것들을 개선할 필요가 있는가?(예를 들면, 예배 시작 전에 예배를 위해서 영적이고 정신적인 준비를 하는 것? 미리 성경을 읽고 묵상하는 것? 토요일 밤에 적절한 시간에 잠드는 것? 주중에 예배자들과 인도자들을 위해서 기도하는 것? 함께 예배드리도록 다른 사람을 초청하는 것?)
- 예수님께서 일생을 통해 예배에 참여하셨던 많은 방식에 대해서 생각해 보라.
  어떤 측면이 당신에게 실제로 와 닿는가?
  왜 그런가?
- 여러분은 개인적인 사명 선언문을 작성한 적이 있는가?
  만약 그렇다면 그 내용은 무엇이었는가?

예배에 대한 예수님의 우선순위를 찾아본 후에 그것을 사명 선언문에 어떻게 적용할 것인가?
- 예배를 주요한 우선순위에 두려고 할 때 여러분에게 가장 방해가 되는 것은 무엇인가?
- 여러분의 삶에서 공동 예배를 주요한 우선순위로 만들기 위해 밟을 다음 단계는 어떤 것이 되겠는가?

2) 상상하라

다음 주 토요일이다. 친구가 전화해서 다음 날 낚시를 가자고 초청한다. 재미있어 보인다. 게다가, 당신은 교회에 반반의 출석 확률로 다니고 있다. 나를 대신할 사람들이 교회에 충분히 있을 것이다. 그런 다음, 당신은 그것이 분담에 대한 이야기가 아니라는 사실을 바로 기억해낸다. 그것은 공동 예배를 우선순위로 만들어 예수님을 따르는 것에 관한 문제이다. 당신은 친구에게 다른 날 낚시하러 가는 것이 어떠냐고 말하기로 결심한다.

- 여러분의 삶에서 예배를 주요한 우선순위로 만들기 시작할 수 있는 구체적인 방법을 찾아보라.
- 이번 주일과 그 이후의 모든 주일 동안 여러분의 약속을 이행하기 위해서 어떤 구체적인 행동을 당장 취할 것인가?

3) 행동

하나님의 도우심으로, 나는 _____(구체적이어야 함)을 실천하여 예배를 보다 큰 우선순위로 만들기로 결심한다.

4) 기도

하나님 아버지,
예배가 저의 인생에서 최우선 순위가 되도록 제 마음을 채우시옵소서.
예배를 의무가 아닌, 말할 수 없는 축복과 특권으로 생각하도록 저를 도우시옵소서.
제 자신의 목적을 채우기 위해 예배를 유용하지 않게 하시고, 당신의 목적에 합당한 예배를 즐거이 드리도록 도와주시옵소서.
우리 주 예수 그리스도의 이름으로 기도드립니다. 아멘.

제3장

예배의 대상

핵심 질문: 예수님은 누구에게 예배하셨는가?

　텔레비전 최초의 퀴즈쇼 중 <진짜를 찾으세요>(To Tell the Truth)라는 프로그램이 있었다. 1956년에 첫 방송을 시작한 이 프로그램은 60여 년 이상 인기리에 방영되었다. 처음에는 세 곳의 주요 방송국에서, 그 후에는 다양한 곳에서 방영되었다. 요즘도 주요 텔레비전 방송국에서 최신 업데이트 버전으로 새로운 시청자들에게 소개된다.

　프로그램의 핵심은 허위로부터 진실을 찾는 출연자들의 능력을 보는 것이다. 어떤 주목할 만한 일을 성취한 출연자는 자신의 업적에 대한 "진실만을 말해야" 한다. 그러는 동안 이 사람을 사칭하는 다른 두 사람은, 자신들이 진짜 그 사람인 척 연기한다. 패널리스트로 출연한 유명 인사들은 서로 자신이 진짜라고 주장하는 세 사람에게 질문하면서 누가 진실을 말하고 있고, 누가 사칭하는 것인지 찾아내려 한다.

　질문이 끝난 후에, 퀴즈쇼의 진행자는 "진짜이신 분이 일어나 보시겠어요?"라고 요청한다. 진실의 순간이 오게 되면, 드디어 사람들의 신분이 드러난다. 한 사람은 진짜이고, 나머지 두 사람은 가짜이다. 그 퀴즈쇼가 흥미로운 점은 세 사람 중 누가 진짜 그 사람인지 분별하는 것이 너무 어렵기 때문이다. 출연자 중 몇몇, 혹은 모두가 설득력 있게 보이지만, 단 한 사람만이 진실을 말하고 있다. 진실과 거짓을 분별하는 것이 진정한 도전이라고도 볼 수 있다. 그리고 선택할 가짜가 많을수록, 올바른 판단을 하는 것은 더욱 어려워진다.

1. 지금 우리가 어떻게 예배하는지 묘사해보기

예배를 드린다고 할 때, 가장 중요한 결정은 과연 어떤 신에게 예배할 것인가이다. <진짜를 찾으세요>라는 텔레비전 프로그램의 진행자처럼, 우리는 "참 하나님이신 분, 일어서 보시겠어요?"라고 질문한다. 여러분이 누구에게 예배를 드릴 것인가는 예수님의 제자로서 묻고 대답해야하는 가장 중요한 질문이다. 그것은 영원히 반복해야 하는 질문으로서, 에덴 동산에서 시작되어(뱀 혹은 하나님?), 새 예루살렘에서 끝나는(짐승 혹은 하나님?) 질문이다.[1]

창세기부터 요한계시록까지, 온 우주의 가장 중요한 질문-당신은 누구에게 예배할 것인가-에는 성경에 계시된 한 분 참 하나님이라는 단 하나의 답만이 존재한다. 예배하는 방식에는 많은 변수가 존재하지만, 모든 그리스도인에게 누구에게 예배해야 하는지에 대해서는 어떠한 변수도 존재할 수 없다. 더욱 중요한 것은 우리가 이 하나님께 예배한다는 것뿐만 아니라, 이 하나님만을 예배한다는 것이다. 우리 예배의 대상이 하나님이시라는 것은 명확한 사실이다. 그럼에도 오늘날, 우리가 예배하는 대상인 '하나님'은 여러 사람들, 심지어 교회에 오래 출석했던 사람들에게조차 아주 다양하게 이해될 수 있다. 예배에 참석하는 모든 사람이 하나님

---

[1] 창 3:4-5(또한 롬 1:25), 그리고 계 19:20을 보라.

이 누구신지 정확하게 이해하고 있다고 가정하는 것은 더 이상 옳지 않은 게 현실이 되어버렸다. 경계를 흐리게 하는 종교적 견해가 확대됨에 따라, 성경 속의 하나님은 정확하게 어떤 분인지 명확히 해야 하는 것이 더욱 필요해진 현실이다. 빠르게 진행되는 전 세계의 소통 기술들에 종교적 견해들도 매우 빠르게 퍼진다.

어떤 신과 또 다른 어떤 신은 무슨 차이가 있는가?

여러분이 신을 믿기만 한다면, 어떤 신을 믿어도 무관한 것은 아닐까?

어떤 종교든지 자신들의 신이 경배 받을 수 있는 유일한 신이라고 제시하는 것은 혼란을 가중시키는 것이다.

우리가 예배하는 대상인 하나님을 생각해보며, 현대 사상의 경향 중에 예배의 본질을 흐리게 하는 방식으로는 어떤 것들이 있는지 살펴보자.

하나님 더하기(God PLUS). 성경의 하나님을 예배하는 것은 좋은 것이다. 하지만 동시에 우리가 처한 상황의 편의상- 예를 들면 다른 문화를 방문하거나, 그곳에 거주하는 동안에는- 다른 신들을 예배할지도 모른다. 이 것은 **다신교 숭배**(polytheistic worship[동시에 한 신 이상을 경배하는 것])이다.

하나님 빼기(God MINUS). 가능하다면 참 예배를 기대하시는 하나님께 부응하는 것이 좋다. 그러나 이것이 필수적인 것은 아니다. 하나님은 그저 예배자들이 행복하기를 바라신다. 그래서 그들이 무엇을, 어떻게 하든 괜찮다. 우리가 최선을 다해 예배를 드린다면, 하나님은 만족하신다. 그런데 예배자들은 그것이 자신들을 기쁘게 하다면 "하나님 아류" 예배로도 만족한다. 이것은 **자기애 숭배**(narcissistic worship[자기 자신의 기쁨에 초점을 맞춘 예배])이다.

하나님 혹은(God Or) "여러분이 신을 믿기만 한다면, 어떤 신을 예배하는지는 중요하지 않다. 예배자들은 자신들이 이해하는 것에 따라 신을 선택할 수 있다. 그저 하나를 고르라. 진리는 상대적이다" 이러한 모든 것은 상대주의적 예배(relativistic worship[이 신이나 저 신이나 차이가 없다])이다.

모호한 하나님(God VAGUE) 때때로 하나님에 대해서 사용되는 대체 명칭들로 인해 예배자들은 이 하나님이 누구신지 해석하는 데 너무나 개방적 입장을 취하게 된다. 만약 하나님이 보편적인 분(Universal One), 큰 권능을 가지신 분(Higher Power), 빛나는 분(Radiant One) 등등과 같은 용어로 언급된다면, 혼란스러울 따름이다. 하나님에 대한 명칭들이 모호해지면, 어떤 사람의 인간적 관점에 따라서 하나님의 특징과 본질을 해석할 많은 여지가 생기게 된다.[2] 이것은 **모호한 예배**(ambiguous worship[하나님은 특별한 방식으로 정의되지 않는다])이다.

하나님	+	다신교 숭배
하나님	−	자기애 숭배
하나님	/	상대주의적 예배
하나님	?	모호한 예배

오늘날 예배를 받으시는 분이 누구신지에 대해 만연해 있는 혼란을 쉽게 볼 수 있다. 바로 이것이 우리 예배의 대상이신 분을 명확하게 해야 하는 이유이다. 만약 우리의 목적이 제자로서 예수님을 따르는 것이라면, 우리는 다음의 가장 중요한 질문을 반드시 물어야 한다.

예수님은 누구를 예배하셨는가?

---

[2] 이러한 용어들 중 하나 이상이 참 하나님을 언급하는데 사용될 경우에도 명확한 설명이 없이는 안 된다. 그것이 핵심이다. 그 용어들은 정확히 누가 경배를 받고 있는지에 대해 명확하지 않고 모호하다. 최근에 한 학생이 예배에 사용할 노래를 선택했는데, 그 노래는 하나님에 대해서 모호한 용어만을 언급하고 있었다. 나는 인터넷 검색 엔진에 그 노래에 있는 구절을 쳤다. 처음 발견한 것은 "이교도 노래"(pagan songs)였다. 그것은 세계에서 가장 큰 현대 예배음악 제작자 중의 한 사람이 실제 발간한 것이었다. 그녀의 의도는 결코 예배자를 오도하려는 것이 아니었지만, 그녀의 미숙함으로 그들을 오도하고 말았다.

핵심 질문: 예수님은 누구를 예배하셨는가?

2. 예수님이 어떻게 예배하셨는지 발견하기

1) 예수님처럼 예배하기: 예수님은 누구를 예배하셨는가?

예수님은 누구를 예배하셨는가?

사복음서의 기자들은 예배하는 예수님에 대해 단 하나의 초점을 가지고 묘사한다. 예수님은 하나님을 예배하셨고, 하나님 한 분만을 예배하셨다. 본 장에서는 우선 예수님이 예배하신 분(하나님)을 알아 볼 것이다. 그런 다음 예수님의 예배에만 있는 특성(하나님 한 분만)을 살펴볼 것이다.

(1) 예수님은 하나님을 예배하셨다

예수님은 그분이 예배하는 대상에 대해 더 할 수 없이 분명하게 드러내셨다. 예배자로서 예수님의 모든 순간- 성전에서, 회당에서, 공동 기도에서, 개인 기도에서-은 하나님을 예배하는 분으로서 그분을 묘사하고 있다.

그렇다면, 특별히 어떤 하나님을 말하고 있는가?

비록 팔레스타인에 스며든 로마 문화로 인해 예수님의 사역 당시에 수십여 가지의 신들이 있었지만, 예수님이 경배하신 하나님은 영원하신, 삼위일체로 계신 창조주 하나님, 아브라함의 하나님, 모세의 하나님, 족장들, 선지자들, 왕들의 하나님, 그리고 예수님의 육신의 부모인 요셉과 마리아의 하나님이셨다.

유대 전통 안에서 예수님의 하나님은 아마도 예배에 관한 예수님의 가장 중요하고 직접적인 가르침의 배경이 되었을 것이다. 요한복음 4:1-30

까지의 말씀은 이름 없는 사마리아 여자와 예수님 사이의 놀라운 만남을 기록한다. 그 만남 전체를 통해서 발견할 수 있는 다양한 흥미로운 차원들이 있지만, 그 이야기의 중심에 있는(19-26절) 예배에 관한 대화에만 토론을 한정하려 한다. 사실상, 일부 신약학자들은 요한복음의 진짜 목적은 하나님께 바르게 예배하도록 이끄는 데 있다고 주장해 왔다.[3]

그 대화는 야곱의 우물에서 일어났다. 그곳은 사마리아인들과 유대인들 모두에게 공통적으로 역사적인 장소였다. (부분적으로 유대의 후손인) 사마리아인과 (완전한 유대인의 후손들인) 유대인들은 오랫동안 서로에 대해 나쁜 감정을 가지고 있었다. 요한은 "유대인은 사마리아인과 상종하지 아니함이러라"(요 4:9b NRSV)라고 알려준다. 그래서 그들이 공유**했던**(did) 역사적인 가치가 있는 장소에서 이 사건이 일어났다는 사실은 아이러니였다. 야곱의 우물은 향후 어떤 사회적, 문화적인 분열이 생기기 훨씬 이전에 판 것이었다. 공통점이 아무것도 없어 보이는 두 사람이- 그들은 서로 관련이 없었다- 마침내 자신들의 공통적인 조상으로부터 받은 공동의 유산인 장소에서 대화를 하게 되었다. 그러나 공동의 역사적 장소에서 찬물 한 잔을 나눔으로써 훨씬 더 많은 것을 공유하게 되었다.

예배에 관한 이 대화에서는 어디에서, 언제, 어떻게라는 특별한 질문들이 많이 나왔다. 그 여자는 **어디에서**(where) 예배를 드려야 하는지에 아주 관심이 많아 보였다.

사마리아에 있는 산인가, 혹은 예루살렘인가?

예수님은 **언제**(when)를 토론하는 것에 관심이 있어 보였다. 그분은 두 번이나 "때가 이르리라"(21, 23절)라고 강조하셨다. **어떻게**(how)-영과 진

---

3 저명한 요한복음 학자인 C. K. Barret이 이러한 관점을 견지한다. C. K. Barret, *The Gospel According to St. John: An Introduction with Commentary and Notes on the Greek Text* (Philadelphia Westminster, 1978), 283을 보라.

리로- 예배하는 것 또한 그 대화의 중요한 부분이다(제6장에서 "어떻게"란 질문을 깊이 있게 다루기 위해서 스토리 중의 이 부분으로 돌아올 것이다). 그러나 토론한 내용 중에 가장 중요한 질문은 **누구**(who)였다.

누가 예배를 받으셔야 하는가?

그 여자에게 말씀하시는 예수님의 단어는 매우 명확했다.

> 너와 너의 백성이 아버지께 예배할 것이다(21절).

예수님은 아버지가 예배하는 자들을 찾으신다고 말씀하심으로써 아버지가 예배를 받으신다는 사실을 더욱 강조하셨다(23절).

지상에 계실 동안, 예수님은 인간으로서 아버지께 예배하셨다. 이러한 성부-성자의 유대관계가 예수의 세례에서 천명된 두 분 관계의 본질을 형성했다. 예수님께 하나님은 아버지셨다. 더욱이 예수님은 여전히 성육신하신 분이기 때문에-육신으로 계신 하나님-그분은 계속해서 아버지께 예배를 드리셨다(다음 장에서 그리스도와 성령, 두 분 또한 예배의 합당한 수령자라는 사실을 발견할 것이다).

그 이야기 중에 예수님께서 "때가 오리니"라고 언급하신 것처럼, 우리는 궁극적으로 삼위일체 하나님을 예배한다. 사실 메시아가 도래함으로써, 참되게 예배하는 자들이 영(성령)과 진리로 예배할 것이다(23절).[4] 그것이 영광스러운 신비라는 사실을 확신한다! 그러나 괜찮다. 결국, "신비는 풀어야 할 수수께끼가 아니고 마땅히 존중받아야 할 진리이다."[5]

---

[4] Marianne Meye Thompson, "Worshipping in Spirit and in Truth" (plenary address, Calvin Symposium on Worship, Grand Rapids, MI, January 26, 2018).

[5] *United States Catholic Catechism for Adults* (Washington, DC: United States Conference of Catholic Bishops, 2006), 51.

그러므로 '예수님은 누구에게 예배하셨는가?'라는 질문에 대한 첫 번째 대답은 다음과 같다. 예수님은 그분의 조상들에게 계시된 하나님, 또 자신을 아들이라고 부르셨던 하나님을 예배하셨다.

(2) 예수님은 하나님을 예배했고, 오직 하나님 한 분만을 예배하셨다

예수님은 하나님을 예배하셨지만, 한 걸음 더 나아가셨다. 그분은 하나님 한 분만을 예배하셨다. 예수님이 예배하신 유일한 대상은 하나님이셨는데, 예배에 대한 이런 결단으로 인해 그분의 지상 사역이 시작될 때 시험을 받게 되셨다. 이 문제는 처음부터 바로 잡아야 할 일이었던 것이 분명했다.

과연 예수님은 하나님**만을**(exclusively) 예배할 것인가?

세례를 받으신 직후에, 예수님은 성령에 이끌려 광야로 가서 마귀에게 시험을 받으셨다. 이것이 예수님이 겪으신 진정한 첫 번째 시험이었다.

예수님은 시험을 통과하실 것인가?

유혹자가 가진 묘책 중의 하나는 이것이었다.

> 마귀가 또 그를 데리고 지극히 높은 산으로 가서 천하만국과 그 영광을 보여 이르되 만일 내게 엎드려 경배하면 이 모든 것을 네게 주리라 예수께서 말씀하시되 사탄아 물러가라. 기록되었으되, **주 너의 하나님께 경배하고 다만 그를 섬기라** 하였느니라(마 4:8-10).

예수님의 대답은 역사 속의 신앙에 대한 그분의 근본적인 가르침을 직접적으로 반영했다(신 6:13을 보라). 하나님의 언약 백성에게 최초이자 가장 위대한 지도자인 모세를 인용함으로써, 예수님은 홀로 경배 받으셔야만 하는 이스라엘의 참 하나님과, 또한 예수님이 오직 그분만을 예배하겠다고 맹세하셨던 하나님 사이에 끊어지지 않는 선을 그으셨다. 예수님과 마귀 사이의 주고받은 대화 가운데, 예수님은 그분이 누구를 예배**하실**(would) **것**인지를 나타내셨을 뿐만 아니라, 또한 그분이 누구를 경배하지

않을(not) **것인지**를 선포하신 것이다. 주 하나님만을 예배하겠다는 그분의 흔들리지 않는 약속은 사악한 자에 대항하는 행위였다.

마찬가지로, 그리스도인들은 한 분 참 하나님을 예배할 때마다, 자신들이 누구를 예배할 것인지 뿐만 아니라, 누구를 예배하지 않을 것인지를 확증하는 것이다. 기독교 예배의 모든 참된 행위는 사탄-창세 전부터 하나님의 영광에 도전해 왔던(사 14:12-15와 눅 10:18)-에 대항한다. 그것은 예배자 예수님께 너무나 큰 위험이었고, 모든 그리스도인에게도 동일하게 위험하다.

예수님은 그분의 시험을 이기셨다. 그분을 따르는 자로서 우리 또한 당연히 그래야만 한다. 예수님이 전적으로 하나님만을 예배하시는 것을 알 수 있는 또 다른 길은 그분의 기도의 삶을 보는 것이다. 예수님은 오로지 하나님께만 기도했다. 특별히, 그분은 자신의 아버지께 기도하는 것을 선호하셨다. 이것은 매우 독특한 관행이다.

> 왜냐하면, 유대인들은 하나님을 거의 **아버지**(Father)라고 칭하지 않았지만, 예수님은 한 번을 제외하고(막 15:34)는 모든 기도에서 아버지라고 불렀기 때문이다.[6]

또한, 우리에게도 마찬가지로, "하늘에 계신 우리 아버지"라고 기도하도록 가르침으로써 이 관행을 제자들에게(그리고 우리에게) 전해주셨다. 기도는 예배 행위이고, 우리는 우리가 예배하는 분께 기도한다. 복음서 전반에 걸친 많은 기도의 경우들에서, 예수님은 하나님을, 오직 하나님 한 분만을 불렀다.

---

6 Sean A. Harrison, study more on Matthew 6:9, in *NLT Illustrated Study Bible* (Carol Stream, IL: Tyndale, 2015), 1, 689. Italics original.

우리가 누구를 경배해야 하는가에 대해, 우리의 스승(Teacher)은 성경의 처음부터 마지막까지를 가득채운 모세 율법의 제1계명, 즉 "나는 네 하나님 여호와니라 … 너는 나 외에는 다른 신들을 네게 두지 말라"(출 20:2-3)를 소중히 여기심으로써 하나님과 자신의 고대 신앙 공동체 앞에 신실하셨다. 예수님은 하나님을 예배하셨고, 하나님 한 분만을 예배하셨다.

3. 오늘날 예수님은 어떻게 예배하실까 숙고하기

기독교 예배에는 단 한 분의 대상이 존재한다. 그분은 바로 거룩한 성경에 계시된 삼위일체 하나님이시다. 하나님은 우리 예배의 대상이시다. 이는 율법이 그렇게 말할 뿐만 아니라, 또한 하나님의 사랑이 그렇게 말씀하시기 때문이다. 율법이 있는 것은 사랑을 위해서이다. 사랑 때문에 율법이 있다. 성경적 예배는 법전이 말하고 있는 대상이 아닌, 우리가 사랑하는 대상에 초점을 맞춘다.

그렇다면 하나님 중심의 예배란 무엇을 의미하는가?

- 그것은 하나님께서 자신과 그의 백성들 사이의 관계를 위한 중심 수단으로서 예배를 주도하시고, 우리가 함께 예배하라는 하나님의 부르심에 응답할 때 비로소 예배가 시작된다는 것을 의미한다.
- 그것은 하나님의 임재가 예배의 최상의 실재라는 사실을 의미한다.
- 그것은 우리가 예배할 때 모든 생각을 하나님께 향하도록 훈련하고, 예배로부터 벗어나게 하는 산만함을 치워버려, 하나님께 몰두하는 것을 의미한다.
- 그것은 하나님의 이야기가 하나님의 영광을 계시한다는 것을 의미한다. 하나님께서 과거, 현재, 미래를 망라하여 행하신 위대한 내러티브

는, 우리가 예배 가운데 하나님이 하셨고 지금도 하고 계시며, 앞으로 하실 일을 선포하고 경축하도록 바르게 이끌어 준다.
- 그것은 하나님은 기독교 예배의 시작과, 중간과 끝이시라는 것을 의미한다.
- 그것은 하나님의 아름다우심, 거룩함. 진리, 그리고 선하심을 통해 하나님만을 바라보도록 우리의 비전을 조정하는 것을 의미한다. 만화경을 가지고 노는 것과 마찬가지로, 공동 예배는 렌즈를 조정해 우리 인생의 불투명한 혼란을 극복하고, 뚜렷하고 아름다운 하나님의 형상이 나타나기를 기다리는 대단한 기회이다.
- 무엇보다도, 예배한다는 것은 우리 사랑의 대상이신 하나님께 헌신을 표현하는 것이다.

하나님은 예배의 대상이시지만, 또한 예배의 주체이시다(행동을 하시는 분). 로버트 웨버(Robert Webber)는 예배에서의 하나님의 행위를 다음과 같이 놀라운 용어로 요약한다.

> 나의 기독교 순례길에서 발견한 위대한 것 중 하나는, 예배에서 **내가**(I) 무엇을 하는 것이 아니라, **하나님께서**(God) 무엇을 하고 계신가에 있다는 사실을 깨달은 것이다. 예배 가운데 하나님은 임재하시고, 나에게 말씀하시며, 그리고 나에게 행동하신다. 하나님께서 나를 먹이시고, 양육하시며, 돌보아주시는 것은 바로 예배에서다. 그리고 나에게 그분의 은혜를 주시고, 그분의 사랑으로 감싸주시며, 그분의 팔 안에서 나를 들어 올리시는 것, 내가 그분의 공동체의 지체임을 확증해 주시며, 그분의 일하심에 새로운 비전을 갖고 그분을 위해서 살도록 새로운 관심사와 더불어 나를 세상

으로 파송하시는 것도 예배 가운데 일어난다.[7]

하나님은 대상이시고, 동시에 주체이시다. 하나님은 만유의 왕이시다. 그러므로 예배는 하나님으로 시작하고 하나님으로 끝난다.

1) 현재의 도전

하나님을 예배의 유일한 대상으로 받아들일 때 몇 가지의 도전들에 직면하게 된다. 토저(A.W. Tozer)는 그런 경우에 대해 다음과 같이 직설적으로 표현했다.

> 하나님만을 위한 목적을 가진 모임과 장소에 사람들을 참석하도록 하는 것은 거의 불가능하다.[8]

수년 동안, 교회 지도자들에게 하나님의 임재가 사람들을 교회로 끌어올 수 있을 정도로 충분한지 아닌지에 대한 압박감은 점점 커져갔다. 이러한 두려움에 맞서기 위해서 일부 교회들은 사람들을 끌어오려고 다양한 접근법으로 대응했다. 그렇게 함으로써, 그들은 예배의 대상이신 하나님으로부터 예배의 소비자인 사람들에게로 초점을 옮겨갔다. 우리 예배의 중심이 하나님을 향한 예배에서 사람을 기쁘게 하는 예배로 방향을 바꿀 때, 성경적 예배는 쉽게 타협되는 것으로 전락해버린다. 하나님은 항상 (그분의 백성들과의 관계에서) 최우선적 초점이 되신다. 이 도전을 숙고해 보라.

---

[7] Robert E. Webber, *Worship Is a Verb: Celebrating God's Mighty Deeds of Salvation* (Peabody, MA: Hendrickson, 1996), 66. Italics original

[8] A. W. Tozer, *Man: The Dwelling Place of God* (Harrisburg, PA: Christian Publications, 1966), 136.

우리가 하나님에 대해서 생각할 때 마음에 떠오르는 것은 실제 우리에게 있어서 가장 중요한 것이다. … [왜냐하면] 어떤 종교도 하나님보다 더 위대한 것을 갖고 있지 않기 때문이다. 예배자가 하나님에 대해 고상한 생각, 혹은 저속한 생각을 가지는 것에 따라 예배는 순결하거나 혹은 천박하다. … 교회의 가장 중요한 메시지는 교회가 하나님에 대해서 말하는 것 혹은 말하지 않은 채 내버려 두는 것에서 알 수 있듯이, 하나님에 대한 교회의 견해를 통해 그 교회를 가장 잘 알 수 있다. 왜냐하면, 교회의 침묵은 종종 교회가 말하는 것보다 더 웅변적이기 때문이다.[9] 원점으로 돌아와서, 사마리아 전체를 여행하는 중에, 예수님은 참된 예배에 대해 말씀하셨다. 참된 예배는 가짜 예배에 대항한다.

참된 예배는 …을(를) 포함한다.
- 바른 대상을 예배하는 것, 즉 하나님을 예배하고, 하나님 한 분만을 예배하는 것이다.
- 바른 수단을 통해서 예배하는 것, 즉 기도, 경배, 말씀, 주의 만찬, 찬송 등.
- 바른 태도와 의도로 예배하는 것, 즉 겸손함, 경외심, 그리고 기쁨.

거짓 예배는 …을(를) 포함한다.
- 잘못된 대상을 예배하는 것, 즉 문화, 자신, 교회 성장 등.
- 잘못된 수단을 통해서 예배하는 것, 즉 감성주의, 소비주의, 오락 등등.
- 잘못된 태도로 예배하는 것, 즉 자기 잇속만을 챙기고, 교만하며, 경쟁적인.

---

[9] A. W. Tozer, *The knowledge of the Holy* (Harrisburg, PA: Christian Publications, 2012), 9.

2) 현재 예수님은 어떻게 예배하실까?(HWJW)

만약 지금 예수님이 계신다면, 그리고 우리가 이 질문-우리는 누구를 예배해야만 하는가?-을 그분께 한다면, 예수님은 즉각적이면서도 열정적으로 대답하실 것이다. 우리는 하나님을 예배해야 하고, 오직 하나님 한 분만을 예배해야 한다. 모든 것들 위에 예배 받으셔야 할 한 분 참 하나님이 계신다는 사실이 점점 덜 명확해지는 세상에서, 우리는 반드시 우리 스승의 모범을 따라야만 한다.

여러분은 예수님의 부르심을 듣고 있는가?

"와서, 나를 따라 하나님을, 하나님 한 분만을 예배하라."

4. 나는 어떻게 예배할지 결단하기

1) 성찰

예배를 위한 우리의 롤 모델을 살펴본 후에, 이제 우리의 주님이신 스승(Master Teacher)께서 그분의 제자들에게 어떤 적용을 요구하실지 마주할 시간이다. 그 시작으로 다음의 질문들을 생각해보자.

- 여러분의 공식적인 신앙 전통(여러분의 교회), 그리고 가족의 기독교 신앙 전통이 여러분이 예배하는 하나님을 명확하게 하는 데 있어서 얼마나 중요한 역할을 해 왔는가?
- 본 장의 첫 부분에서 묘사된 예배 유형을 재검토하라. 다신교 숭배, 자기애 숭배, 상대주의적, 모호한 예배.
이런 예배 중 어떤 것을 본 적이 있는가?

- 만약 여러분이 예수님과 사마리아 여자의 대화를 몰래 들었다면, 예배에 대해 배울 수 있었던 가장 중요한 것은 무엇이었을까?
- 예수님이 광야에서 시험받으신 것처럼, 만약 어떤 이가 거짓 신을 예배하라고 초청한다면, 여러분은 어떻게 대응할 것인가?

이런 일을 경험한 적이 있는가?

만약 그런 적이 있었다면, 여러분은 어떻게 대응**했는가**?

- 하나님을 예배하고 오직 하나님 한 분만을 예배하는 것에 대해 생각해 볼 때 어떤 점에서 가장 도전을 받는가?

2) 상상하라

이제 다음 주일이다. 교회로 가려고 할 때, 여러분은 세상의 다른 지역에 하나님을 예배하고, 하나님 한 분 만을 예배하는 것 때문에 투옥된 어떤 기독교 신자들이 있다는 사실을 생각해본다.

- 그들이 이러한 이유로 고난을 겪으면서도 하나님만을 예배한다면, 여러분은 그들을 위해서 어떤 기도를 드릴 것인가?

또 지금 여러분의 예배 공동체를 위해서 어떤 기도를 드릴 것인가?

- 여러분이 지금, 그리고 앞으로도 예배하고자 하는 그분에 대해 선포하는, 각자의 신조를 한 문장으로 만들어 보라. 매주 예배를 드리러 가는 도중에 이 신조를 반복하라.

3) 행동

나는 과연 누구를 예배할지에 대해 숙고해 보며, 어떤 서원을 할지 결단해 보자. 하나님의 도우심을 힘입어 나는 _____함으로써 하나님을 예배하고, 오직 하나님 한 분만을 예배하기로 결단한다.

4) 기도

거룩하신 성령님,
삼위일체 하나님을 저의 유일한 사랑의 대상으로 삼아 예배하기로 결단한 저의 헌신을 순결하게 지켜 주시옵소서.
저의 예배 관행에 스며들어 있어, 미처 알지 못했던 거짓이 있는 것을 가르쳐 주시옵소서. 오직 하나님, 하나님 한 분만을 향해 예배하는 새로운 길에 제 마음을 고정시켜 주시옵소서.
예수 그리스도의 이름으로 기도합니다. 아멘.

제4장

예배의 중심이신 그리스도

핵심 질문: 예배에서 그리스도만의 독특한 역할은 무엇인가?

어떤 목적을 가지고 조직된 모든 단체에는 핵심 지도자가 있다. 그는 구성원들이 자신들의 역할을 감당하여 단체의 목적이 성취될 수 있도록 돕는 사람이다. 지도자들은 다양한 역할을 수행하게 되는데, 이는 실제로 그 목적을 달성하기 위해서는 리더십의 여러 측면들이 요구되기 때문이다.

예를 들어, 체육 코치를 생각해 보자. 코치는 팀이 필요로 하는 여러 다양한 역할을 동시에 수행하는 지도자이다. 코치는 팀의 선수들 개개인을 가장 잘 활용하기 위해서, 최상의 활약을 펼칠 수 있는 지점에 그들을 배치하는 전략을 짠다.

그리고 선수 각자에게 독특한 위치에서 필요한 기술을 훈련시키고, 경기 전략을 개발하며, 긍정적인 동기부여를 제공하고, 대국적인 견지에서 팀을 위한 전체 그림과 장기적인 계획을 세운다. 비슷한 방식으로 학교장은 다양한 역할로 교육자들을 섬기면서 그들을 이끈다. 교장은 교사들을 가장 조화로운 지점에 배치하고, 그들의 수업 활동을 평가하며, 교사진의 사기를 진작시키고, 물적 자산을 최선으로 활용하도록 조정한다. 그리고 부모들과 교사들 사이의 연락을 담당하고, 학급에 필요한 지원을 하며, 교사들에게 본질을 지키도록 격려한다. 어떤 조직이든-교회이든, 시민 클럽이든, 교향악단이든-어떤 사람이 지도자로 임명되어 모든 부분에 중요한 방향을 제시하도록 한다. 지도자는 단체의 회원들을 섬기면서, 동시에 많은 역할을 수행한다.

지역 교회에서 하나님을 예배하기 위해 모일 때, 보통 한 사람, 혹은 더 많은 핵심 지도자들은 **성도들이 역할을 감당할 수 있도록 돕는다**. 그것은 목사일수도 있고, 혹은 또 다른 예배 인도자나, 인도자들의 팀일 수도 있다. 그가 누구든, 누군가는 예배자들을 조직하고 격려하며 도와준다. 인간의 인도자들은 예배가 일어나도록 핵심 지도력을 제공하는 가시적 존재이다. 그러나 흥미로운 것은 예배의 성공을 위해서 보이지는 않지만, 없어서는 안 될 정말로 중요하고, 다면적인 역할을 담당하시는 분이 계시다는 사실이다. 그분이 바로 예수 그리스도이시다.

1. 우리는 지금 어떻게 예배하고 있는지 묘사하기

본서 전체를 통해서 가장 우선적으로 살펴볼 것은 예수님은 어떤 예배자이신가에 대해서이다. 그 과정에서 때때로 예수님이 예배에 대해 사람들에게 무엇을 가르치셨는지를 찾기도 한다. 그러나 제4장에서는 이러한 접근방식으로부터 벗어나서 예배를 다른 각도에서 살펴보고, 신자들이 예배를 위해 모일 때 그리스도가 담당하시는 역할에 대해 성경과 교회가 가르친 것에 주목할 필요가 있다. 본 장에서만은 예수님은 그분의 생각을 말씀하시지 않을 것이다. 오히려, 신실한 가르침의 결과로서 우리가 성육신한 그리스도에 관해서[1] 아는 것에 초점을 맞출 것이다.

---

1 성육신은 영원한 하나님의 말씀이신 예수님이 창조 질서-예수님이 함께 창조하셨던 바로 그 질서-안에서 인간으로 사시기 위해 육체를 입으신 실재이다

예수님은 이중의 본성을 가지고 계신다. 그분은 하나님이시고 또한 인간이시다. 인간으로서 예수님은 예배자이시다. 따라서 예배인인 우리도 제자도로 그분을 따를 수 있다. 예수님은 하나님으로서 예배를 받으신다. 그분은 결코 자신을 예배의 중심부에 놓지 않으셨고, 오히려 그 반대이셨다. 바울이 단언하듯이, "그는 근본 하나님의 본체시나 하나님과 동등됨을 취할 것으로 여기지 아니하시고"(빌 2:6). 성자를 예배의 중심에 두시는 것은 오히려 성부 하나님의 생각이셨다.

> 이러므로 하나님이 그를 지극히 높여 모든 이름 위에 뛰어난 이름을 주사, 하늘에 있는 자들과 땅에 있는 자들과 땅 아래에 있는 자들로 모든 무릎을 예수의 이름에 꿇게 하시고, 모든 입으로 예수 그리스도를 주라 시인하여 하나님 아버지께 영광을 돌리게 하셨느니라(빌 2:9-11).

따라서 우리는 하나님의 신성한 계획을 살펴보며, 예배와 관련된 예수님의 독특한 역할을 판단해야만 한다.

하지만 이러한 역할을 발견하기 전에, 무엇보다도 예배를 위해 모인 신앙 공동체 안에서 그리스도의 임재를 먼저 확인해야만 한다. 그리스도가 수행하시는 모든 역할은, 그분이 예배 가운데 우리 중의 한 분으로서 함께 계시다는 우리의 믿음에 달려 있다. 이것이 다른 모든 것을 이해하는 데 있어서 필수적인 출발점이 된다. 교회가 예배를 위해 모일 때, 그리스도의 위격이 임재하신다-실재로서 임재하신다.

비록 우리가 그리스도를 눈으로 볼 수는 없지만, 그럼에도 그분은 그곳에 계신다. 임재의 실재는 우리가 그분을 보는 것에 달린 것이 아니다-우리가 그분을 보든지 혹은 보지 못하든지 그분은, 그곳에 계신다. 그렇지만 우리는 그분이 약속하신 임재를 생생한 실재로 인정해야 한다.

부활하신 후, 예수님은 제자들에게 신비롭게 나타나셨다. 그들은 예수님을 알아 볼 때도 있었고, 알아보지 못할 때도 있었다. 그럼에도 불구하고 예수님은 그곳에 함께 계셨다.

부활하신 날 아침에, 막달라 마리아는 예수님을 경배하면서도(마 28:9), 예수님을 알아보지 못하는 이러한 긴장 속에 있었다(요 20:14). 마찬가지로 부활하신 날 저녁, 엠마오의 제자들 또한 처음에는 예수님을 알아보지 못했지만, 떡을 떼었을 때 그분의 임재를 경험하게 되었다(눅 24:15-16, 30-31, 35). 이와 같이, 부활하신 우리 주님은 보이지는 않지만 분명히 예배의 자리에 우리와 함께 계신다.

예배 중 그리스도의 진정한 임재에 대해서는 신약의 몇 구절을 통해 확증된다. 히브리서 저자는 예수님이 하나님께 다음과 같이 말씀하시는 것을 인용한다.

> 내가 주를 교회 중에서 찬송하리라 … 하나님이 내게 주신 자녀들과 함께 여기 있노라 (히 2:11b-13).

또한 바울도 고린도 교회에 편지 할 때 예배 중에 주 예수께서 계심을 강하게 암시한다. 고린도전서 5장 4절에서 그가 "주 예수의 이름으로" 모인 것과 또한 그곳에 "주 예수의 능력이" 있음을 언급하는 것이 바로 그것이다. 바울은 예배를 위해 예수님의 이름으로 모이는 성도들은 주 예수의 능력과 임재를 사실로 상정한다고 주장한다. 그는 예수님이 직접 "두세 사람이 내 이름으로 모인 곳에는 나도 그들 중에 있느니라"(마 18:20)라고 약속하신 것을 기억한다. 편지의 초반에 바울은 신자들에게 '너희'(복수)는 너희가 하나님의 성전인 것과 하나님의 성령이 너희 안에 계시는 것을 알지 못하느냐(고전 3:16)라고 가르친다. **공동체로 모일 때**(Collectively), 하나님의 영(바로 그리스도의 영)이 우리 안에 거하신다. 따라서 우리가 공동으로 만날 때, 그리스도의 영이 임재하신다.

우리가 예배에서 발견할 수 있는 가장 심오한 실재는 예배에서 부활하신 주 예수 그리스도의 임재를 인식하고 경축하는 것이다. 모든 상황에서 예배를 활성화시킬 수 있는 잠재력은 이 한 가지를 깨닫는 데 있다.

그것이 세상의 모든 차이를 만든다!

이제 예수님의 임재가 정말로 우리에게 의미하는 것이 무엇인지 질문해야 할 때이다.

예배에서 그리스도께서 하시는 독특한 역할들은 무엇인가?

**핵심 질문 : 예배에서 그리스도께서 하시는
독특한 역할들은 무엇인가?**

---

2. 예수님은 어떻게 예배하셨는지 발견하기

기독교 예배에서 그리스도께서는 적어도 다음과 같은 매우 중요한 세 개의 역할을 하신다. 그리스도는 우리 예배를 받으시고, 그리스도는 우리 예배를 중재하시며, 그리스도는 우리 예배를 인도하신다.

1) 그리스도는 우리의 예배를 받으신다

첫째, 그리스도는 우리의 예배를 받으신다. 이는 그분이 하나님이시기 때문에 그렇다. 그리스도의 신성과 인성이라는 이중의 본성에 대해 우리가 이해하는 것이 중요한 이유가 바로 여기에 있다.

한편으로는 하나님이신 예수님이 또한 예배자인 것은 어떻게 가능한가?

다른 한편으로 인간인 예수님이 어떻게 예배를 받으시는가?

그것은 복잡한 생각이다-너무 복잡해서 수백 년이 걸린 사안이었고, 궁극적으로 6개의 공식적인 교회 공의회가 이 문제를 다음과 같이 해결하였다. 예수님은 완전한 인간이시고, 또한 동시에 완전한 하나님이셨다. 하나님의 아들인 예수님은 태어나셨을 때, 피부와 뼈가 있는 인간의 몸을 입고 나타나셨다. 정확하게 말하면, 예수님은 우리와 꼭 마찬가지로 몸, 영혼, 마음을 가진 **완전한**(fully) 인간이셨다. 그분의 **인성**(human nature) 안에서, 그분은 하나님보다 낮으시다. 그분은 인간의 한계를 가지셨다. 그래서 예수님이 성부 하나님을 예배하는 삶이 가능했던 것이다. 동시에 그분의 **신성**(divine nature)은 완전한 하나님이셨다. 하나님으로서, 예수님은 하나님보다 못하시지도, 크시지도 않으시고 다만 삼위일체의 완전한 한 분으로서 성부 하나님과 성령 하나님과 동등하시다. 예수님이 예배를 받으실 자격이 있는 것은 바로 그때문이다.

성육신의 기적은 예수님의 인성과 신성을 하나로 결합시켰다. 하나에서 나눈 반이 아니라, 동시에 두 가지의 본성을 가진 한 분이시다. 앞에서 언급한 빌립보서 2장은 성육신하신 그리스도의 관점으로 기록되어 있다. 여기에는 그리스도의 두 측면 모두가 동시에 나타난다.

첫 번째로 그분은 하나님과 동등함을 취할 것으로 여기지 아니하셨고, 오히려 자기를 비워 사람으로 태어나셨던 예배자이시다(6-8절).

두 번째로 동시에 그분은 예배를 받으신다. 왜냐하면, 하나님이 그분을 지극히 높여 모든 이름 위에 뛰어난 이름을 주셨기 때문이다(9-11절). 더욱이, 그분은 여전히 성육신하신 그리스도이시기 때문에, 인성 안에서 예수님은 성부를 계속해서 예배하신다. 반면에 하나님이신 그리스도는 또한 계속해서 예배를 받으신다. 이 모든 것의 장엄한 결론은 바로 예수님은 예배를 받으시는 예배자이시라는 사실이다.[2]

> 예수님은 예배를 받으시는 예배자이시다.

참으로 위대한 신비로움이다. 하지만 개념이 완전히 설명될 수 없다는 이유만으로 그것이 사실이 아니라는 것을 의미하지는 않는다는 점을 꼭 기억하라. 그것은 유한한 우리의 마음이 무한한 것을 온전히 이해할 수 없다는 사실을 의미한다. 우리가 믿는 믿음은 우리 신앙의 근본적인 진실을 믿도록 성령께서 우리에게 주신 선물이다.

성경에는 예수께서 다른 사람들로부터 경배를 받으셨다는 사실이 나타나있다. 치유받은(요 9:38) 맹인으로부터, 예수님이 폭풍을 그치게 하신 후에 배에 있던 제자들로부터(마 14:33), 부활하신 날 새벽에 예수님을 만나서 그분의 발을 붙잡고 경배했던 막달라 마리아와 다른 마리아로부터(마 28:9), 그리고 도마로부터도 경배를 받으셨다. 도마는 "나의 주님이시요 나의 하나님이시니이다"라고 놀라 소리 지르면서 예수님을 경배했다(요 20:28). 예수님이 승천하실 때, 제자들은 그분에게 다시 한번 경배했다(눅 24:52; 마 28:17). 예수님은 무한한 경배로 표현하는 사랑을 한 번도 거절하신 적이 없으셨다.

---

2 John Russell, "Deliberate" (essay, Robert E. Webber Institute for Worship Studies, 2018), 3.

예수님이 승천하신 후 교회의 초창기까지, 예수님은 계속해서 예배를 받으셨다. 초대 교회를 연구하는 학자 후타도(Larry Hurtado)는 "예수님은 초기 그리스도인들에게 예배의 (하나님과 함께) 공동 수령자-단 한 분 하나님만 경배하는 유대교의 주장을 감안하다면 매우 근본적인 발전-이셨다"고 단언한다. 그는 예배 중에 드리는 기도는 예수님을 통해서 그리고 예수님께 드려지고, 예배의 행위들 또한 예수님을 향한 것이며, 예수님을 주님이라고 고백하고, 예수님을 경건하게 노래한다는 사실 등등을 주목한다.[3]

수 세기 동안, 예배를 받으시는 그리스도의 역할은 기독교의 주요한 신앙의 조항 중 하나였다.[4] 나아가 이 이야기의 장엄한 절정은 하나님께서 모든 것을 예수님의 발아래 두시고(고전 15:25), 천사들이 다시 한번 큰 소리로 "죽임을 당하신 어린 양은 능력과 부와 지혜와 힘과 존귀와 영광과 찬송을 받으시기에 합당하도다!"(계 5:12 NRSV)라고 노래하며 그리스도를 경배할 때이다.

예배에서 성자 하나님께 집중하는 것과 더불어, 우리는 성령님(Spirit)의 역할에 대해서도 궁금해진다. 성령 하나님은 예배에서 중요한 역할을 담당하시지만, 안타깝게도 우리는 그분을 가볍게 여기거나, 과소평가하게 된다. 공동체가 예배하러 모일 때 성령님은 늘 임재하시고 활동하신다. 사실상, 예배가 일어나게 하는 것도 성령님의 능력이다. 우리는 성령님의 도움이 없이는 예배할 수 없다. 성령님의 임재는 공동체의 구성원들에게 활기를 주고, 예배에 기여하도록 그들의 영적 은사에 따라 권능을 부여하신다. 하지만 무엇보다도 성령님은 예배자들이 부활하신 주님의 임재를 참되게 알고 경험

---

3   Larry W. Hurtado, *At the Origins of Christian Worship: The Context and Character of Earliest Christian Devotion* (Grand Rapids: Eerdmans 1999), 74-92. (이러한 것들과 초기 그리스도인들이 그리스도께 예배하는 것[Christ-devotion]에 대한 세부적인 많은 예가 상세하게 설명되어 있다.)
4   니케아 신조를 보라.

하도록 도우신다. 신자들에게 성령님을 주신 이유는 예수님이 말씀하셨던 (요 14:6) 모든 것을 생각나게 하고, 예수님을 대신하여 증언하도록 하기 위함이다(요 15:26). 사실상, 우리 눈이 열리고 우리가 예수님을 알아볼 수 있는 것은(요 14:17) 진리의 영이신 성령님에 의해서이다.

영원하신 신성의 위격들은 창조, 성육신, 구속, 재창조 등과 같은 삼위일체 하나님의 전면적인 주도권에 항상 한 분으로 관여한다. 그렇지만 한 위격은 주도적인 역할을 담당하고, 다른 두 위격들은 종종 중요한 공동참여자로서 섬긴다. 하나님의 어떠한 주도권도 다른 삼위의 협력 없이 행해지지는 않는다. 또 어느 한쪽이 주도하는 동안에는 신성의 어떤 위격들도 결코 경시된다고 느끼거나 질투하지 않는다. 그들의 활동들은 한 사람이 여기에서, 다른 사람은 저기에서 리드하는 완벽한 원무(圓舞)를 묘사한다.[5] 신성의 세 위격들은 사랑, 목적, 경의, 그리고 공동체에 있어서 완벽하다.

예배의 핵심은 삼위일체이다. 성부 하나님, 성자 하나님, 성령 하나님은 항상 예배에 적극적으로 참여하셔서, 자신들의 중요한 역할을 담당하신다. 그렇지만 하나님의 목적을 위해, 예수 그리스도는 과거, 현재, 그리고 미래 기독교 예배의 중심에 계신다.

예배에서 그리스도를 높이는 것이 삼위일체라는 신성한 존재(Divine Being)의 균형을 깨뜨릴지 모른다는 두려움은 단지 **우리의**(our) 근거 없는 두려움일 뿐이다. 어쩌면 우리는 세 위격이 중요도 면에서 모두 동등하다는 것을 확인하기 위해 점수를 매기고 있을지 모른다. 만약 그렇다면 그것은 성경, 그리고 초기 신자들에게서 찾아볼 수 있는 신성한 관점을 고려하는 것이 아니라, 인간적인 관점으로 상황을 이해하는 우리의 문제이다. 궁극적으로, 삼위일체 예배는 그리스도 중심적인 예배이다. 하나는 다

---

5 삼위일체의 위격들의 관계는 교회 교부들에 의해 상호내재(**페리코레시스**[*perichoresis*])로 묘사되어 왔다.

른 하나와 결코 모순되지 않는다.

정리하자면, 삼위일체의 모든 위격은 개별적으로, 그리고 한 분 하나님으로서 우리의 예배를 받으신다.

하나님을 예배하는 것은 당연히 성경적이다!

그러나 예수 그리스도는 부정할 수 없는 예배의 대상이 되시고, 그것을 통해서 하나님께서 영광을 받으신다. 브라이언 채플(Bryan Chapell)은 다음과 같이 그리스도 중심 예배의 중요성을 명확히 진술한다.

> 기독교 예배의 핵심은 그리스도에 대한 사랑이다. 우리는 그분의 위대하심을 찬양하고, 우리의 연약함을 고백하며, 그분의 선하심을 구한다. 그분이 주신 은혜에 감사하며, 그분의 영광을 위해서 살지 않고는 결코 그분을 사랑할 수 없다. 우리는 이러한 방식으로 그분을 경배한다.[6]

예수 그리스도로 말미암아 삼위일체 하나님을 예배하는 것은 마땅하다. 진실로 그것이 우리를 위한 하나님의 뜻이기 때문이다.

2) 그리스도는 우리의 예배를 중재하신다

둘째, 그리스도는 우리의 예배를 중재하신다. 하나님의 도움이 없이 드려지는 예배는 결코 하나님의 목적에 미치지 못한다. 우리가 가진 자격이 예배를 드리기에는 불충분하기 때문이다. 인간이 구성해 놓은 예배만으로는 충분할 수 없다. 솔직히 말하면, 우리는 예배에서 하나님의 간섭을 필요로 하는 존재이다. 다시 말하자면 우리에게는 중재자가 필요하다.

---

[6] Bryan Chapell, *Christ-centered Worship: Letting the Gospel Shape Our Practice* (Grand Rapids: Baker Academic, 2009), 112-113.

중재자란 분리되어 있어 연합해야 하는 두 당사자 사이에 서 있는 사람을 말한다. **중재**(Mediation)는 보통 고용주와 고용인 사이의 계약 분쟁, 깨어진 가족 관계, 국제적 갈등 같은 난관을 해결하는 과정을 위해 사용되는 용어이다. 중재자는 사람들을 화해시키려고 시도한다(심지어 우리의 도로 체계도 **중앙분리대**[Medians]-반대편의 교통 흐름을 조정하기 위해 차선의 중간에 있는 땅-을 포함하는 것과 같다).

성경은 "하나님과 사람 사이에 중보자도 한 분이시니 곧 사람이신 그리스도 예수라"(딤전 2:5)라고 가르친다. 이와 같이, 그리스도는 하나님과 사람 사이의 중간에서 너무나 많은 방식으로 틈을 메우신다. 다시 말하자면 구속을 제공하는 중보자로서(히 7:25), 그리고 우리 예배의 중재자로서 그렇게 일하신다.

생각해 보라, 그리스도는 하나님과 사람을 동시에 예배로 초청한다!

구약에서는, 대제사장이 예배를 중재했다. 하나님께서 정하신 희생물을 바치면서, 그는 하나님과 언약 백성 사이 중간에 서 있었다. 대제사장의 중재가 없는 예배는 하나님께서 기뻐하지 않으셨다. 그러나 하나님의 놀라운 계획이 펼쳐지면서, 이제 우리에게는 "거룩하고 악이 없고 더러움이 없고 죄인에게서 떠나 계시고 하늘보다 높이 되신"(히 7:26) 우리 대제사장이신 예수님이 계신다. 단 한 번으로 완전한 제물이 되신 예수님은 "교회 중에서"(히 2:12) 우리 예배를 하나님이 기뻐하시게 만드실 자격을 갖고 계시다. 예수님은 공동체와 하나님 사이에서 양방향으로 예배를 인도하신다. 그분은 우리를 **위해서**(for) 하나님께 말씀하시고, 우리와 **함께**(with) 하나님께 찬양을 돌려드린다.

얼마나 놀라운 현실이며 현현인가!

그리고 여전히 하나님이신-인간 예수님만이, 이 역할을 감당할 자격이 있는 단 한 분이 되신다. 제임스 토렌스(James B. Torrance)가 그것을 말하는 방식은 놀랍다.

> 예수님은 우리들 즉 남자와 여자들을 위해서, 우리가 하지 못한 것을 하시기 위해서, 우리가 드리지 못했던 예배와 찬양을 성부께 드리기 위해서 창조의 제사장으로 오셨다. … 예수님은 우리의 위대한 대제사장이 되시려고 우리의 형제로 오셨다. … 우리가 마땅히 기도해야 할 방법을 몰라서 실패하고 당황할 때나, 혹은 기도하는 것을 완전히 잊어버렸을 때, 그분은 성부 하나님 앞에서 우리를 위해 중재하시려고 오셨다. … 그리스도는 우리 것(부서진 우리의 삶과 무가치한 기도들)들을 취하시고 성화시키셔서 조금의 흠도 없이 성부께 드린다. 그리고 우리가 감사로서 그분을 "먹을 수" 있도록, 그것들을 우리에게 되돌려 주신다. 예수님은 자신의 기도가 우리의 기도가 되도록 하시고, 우리는 하나님께서 "예수님을 위해" 우리 기도를 들으시는 것을 안다.[7]

우리의 예배를 거룩하게 하여 하나님이 받으실 수 있도록 하기 위한 예수님의 역할은 얼마나 놀라운 것인가. 우리 중재자(Mediator)가 계시지 않다면 예배는 가능하지 않다.

3) 그리스도는 우리의 예배를 인도하신다

셋째, 그리스도는 우리의 예배를 인도하신다. 히브리서는 예수님을 아주 헬라적인 용어인 **레이뚜르고스**(Leitourgos)라고 언급한다. 그것은 "우리 예배의 인도자"(히 8:2)라는 것을 의미한다. 그리스도는 공동체가 하나님께 예배드릴 때, 그들의 기도와 찬양이 하나님께 올려지도록 일하시는 우리의 예배 인도자(liturgist)이시다. 예수님은 멀리서 예배를 인도하시는 것

---

7   James B. Torrance, *Worship, Community and the Triune God of Grace* (Downers Grove, IL: InterVarsity, 1996), 14-15.

이 아니다. 그분은 우리 가운데 한 분으로서 인도하신다. 그분은 우리를 가족이라 부르신다. 이는 그분께서 우리를 형제자매라고 부르시는 것을 부끄러워하지 않기 때문이다(히 2:11b). 예수님은 우리 사이에 함께 계시면서, **"하나님이 내게 주셨던 자녀들과 여기 함께 있노라"**(히 2:13b)라고 선포하셨다.

부활하신 예수님이 우리 예배를 받으시고, 예배를 중재하실 뿐만 아니라, 또한 예배를 인도하신다는 사실은 얼마나 경이로운 일인가!

예수 그리스도께서 우리 예배의 수령자이고 중재자이며, 그리고 인도자라는 사실은 얼마나 놀라운 실재인가! 오직 성육신한 그리스도만이 이러한 모든 기독교 예배의 필수적인 기능들을 동시에 온전하게 행하실 능력을 갖고 계시다. 이렇게 멋진 진리가 우리 예배에 새로운 기쁨과 담대함을 불어넣어야 한다. 우리는 자력으로 예배를 일으킬 능력이 없다.

하지만 우리는 이미 예수님께서 성부를 예배하실 때 참여자의 자격으로 그리스도에게 연합할 수 있는 멋진 특권을 가지고 있다!

3. 오늘날 예수님은 어떻게 예배하실지 숙고하기

우리가 예배할 때 예수님이 함께 계신다는 사실을 교회가 정말로 믿고 있는지의 여부가 궁금해질 때가 종종 있다. 아마도 이것이 오늘날 더 큰 매력을 지닌 세상의 많은 곳들과 경쟁하면서, 성도들이 모여드는 예배를 만들기 위해 우리가 열심히 노력하는 이유일 것이다.

루이스(C. S. Lewis)는 자신의 고전적인 저서 『스크루테이프의 편지들』(*Screwtape Letters*)에서 우리에게 이러한 위험에 대해 경고하려 노력했다. 그 책에는 세 주인공인 스크루테이프 아저씨(Uncle Screwtape[사탄]), 웜우드(Wormwood[그의 사촌이자, 훈련 중인 악마]), 그리고 에너미(Enemy[하나님])가 있다. 스크루테이프는 웜우드에게 그리스도인을 기만하는 기술에 대해 조언하는 일련의 편지를 쓴다. 편지들 중 하나에서 스크루테이프는 다음과 같이 쓰고 있다.

> 사랑하는 웜우드에게,
>
> 늘 같은 오래된 것(Same Old Thing)에 대한 공포에 공을 들이라.…[그것은] 우리가 인간의 마음에 만들어 낸 가장 가치 있는 열정 중의 하나이다.…그것은 완전히 새로운 것에 대한 요구이다. 요구는 전적으로 우리의 솜씨이다.…그 요구는 [우리에게] 여러 방면에서 가치가 있다. 처음에는 기쁨을 감소시키고, 욕구를 증가시킨다. 새로움의 즐거움은 본질적으로 다른 어떤 것보다 수확체감의 법칙에 영향을 더 많이 받기 때문이다. 그리고 계속 새롭게 하는 것은 경비를 필요로 하기에, 그에 따라 새로움에 대한 욕구는 탐욕이나 불행을 불러오거나 혹은 둘 모두를 초래한다.
>
> [하나님]은 내가 아는 한, 사람들에게 가장 단순한 질문을 물어보기를 원한다. 다시 말하자면, 그것은 의로운가? 그것은 신중한가? 그것은 가능한가? 그런데 만약 우리가 그들로 하여금 "그것은 우리 시대의 일반적인 흐름과 일치하는가? 그것은 점진적인가…? 이것은 역사가 나아가는 방식인가"라고 묻는다면, 그들은 중요한 질문들을 소홀히 할 것이다.…결과적으로 그들의 마음이 이러한 진공 상태에서 분주한 동안에, 우리는 가만히 들어가 우리가 결정한 행동으로 그들을 바꿀 더 좋은 기회를 갖게 된다. 대업은 이미 이루어졌다.
>
> 너의 사랑하는 아저씨,
>
> 스크루테이프[8]

---

8 C. S. Lews. *The Scretape Letters* (New York: HarperCollins, 1996), 135-139로부터 발췌. 이탤릭체는 원제이다.

1) 현재의 도전

루이스의 글을 읽으며, 나는 예배를 생각했다. 다른 말로 설명하자면 내가 이해할 수 있는 한, 하나님은 신자들이 아주 간단한 질문 즉, 예배는 의롭고, 성경적이며 그리스도 중심적인가를 묻기 원하신다.

우리 예배가 시대의 일반적인 흐름에 일치하는가?
그것은 점진적인가?
이것이 문화가 진보하는 방식인가?

만약 우리가 사람들로 하여금 이와 같은 질문들을 계속해서 하게 만든다면, 그들은 결국 중요한 질문들은 하지 않게 될 것이다. 그리고 결과적으로 그들이 잘못된 질문들에 집착할 때, 우리는 **우리**(we)가 결정했던 방향으로 몰래 예배 형식을 바꿔버릴 더 좋은 기회를 얻게 된다. 그리고 "대업은 이미 이루어졌다."

사실상 "대업은 이미 이루어졌다"는 징후가 있다. 아마도 그것이 다음과 같이 새로운 것에 집착하는 교회들에 대해 듣게 되는 이유일 것이다.

- 어느 특별 주일 아침에 그랜드 체로키 짚차(Jeep Grand Cherokee)를 뽑을 수 있는 복권표를 판다.
- 무대에서 가장 많은 팔굽혀펴기를 할 수 있는 사람을 뽑는 대회를 개최한다. 우승자는 설교자가 설교하는 동안 안마의자에 앉아 있는 권리를 얻게 된다.
- 교회 바닥의 좌석이 있는 곳을 로데오 경기장(rodeo ring)으로 바꾸고 – 톱밥으로 마무리한 – 목사님은 날뛰는 야생마에서 설교한다.

- 예배 인도자들이 줄에 매달려 기타를 치며, 천장으로부터 등장하게 한다.[9]

분명, 일부 지도자들은 그리스도의 진정한 임재가 성도들을 모으는데 도움이 된다는 사실을 믿고 있다. 나는 존 제퍼슨 데이비스(John Jefferson Davis)에 동의하는데, 그는 다음과 같이 주장한다.

> 교회는 예배 모임에서 스필버그(Spielberg)나 픽사 스튜디오(Pixar Studios)가 만들 수 있는 모든 것보다 더 강렬한 임재로써 교회의 상상력을 되찾을 수 있는 **궁극적인 실재**(*ultimate reality*)의 생생한 현현을 필요로 한다.[10]

도로시 세이어즈(Dorothy Sayers)는 이를 극명하게 표현한다.

> 천상의 이름으로, 엉터리 사고와 추잡한 감정이 끔찍하게 축적된 상태로부터 신성한 드라마를 끌어냅시다. 그리고 그것을 공개 무대에 올려 세상을 일종의 격렬한 반응으로 놀라게 합시다. 만약 경건한 사람들이 가장 먼저 충격을 받는다면, 경건한 사람들에게는 더욱 나쁜 일입니다–다른 사람들이 그들보다 앞서서 천국에 들어갑니다. 모든 사람이 그리스도 때문에 기분이 상했다면, 그렇게 하도록 내버려 두십시오.
> 그러나 그들이 그리스도가 아니며 그분과 같지 않은 것에 대해 기분이 상한다는 의식은 어디에 있습니까?

---

9 이러한 예들 각각은 문서로 증명된다.
10 John Jefferson Davis, *Worship and the Reality of God: An Evangelical Theology of Real Presence* (Downers Grove, IL: InterVarsity, 2010), 17. 이탤릭체는 원체이다.

> 우리는 파리 한 마리도 해칠 수 없을 정도로 그리스도의 인격을 약화시킴으로써 그분에게 거의 영예를 돌리지 않습니다. 확실히, 교회의 업무는 그리스도를 인간에게 맞추는 것이 아니라, 인간을 그리스도에게 맞추는 것입니다.[11]

예수 그리스도는 죽음으로부터 부활하셨다. 그분은 살아계신다! 그리스도께서는 신자들이 예배할 때 성령의 능력으로 그들을 위해, 그리고 그들과 함께 계신다. 이 진리는 예배를 위한 우주적 게임 체인저(game-changer)라고 부를 수 있다. 예배 프로그램들과 곡예와 같은 최첨단 형식, 그에 대한 탐구 및 비싼 기술, 음악 장비가 우리 사이에 계신 예수님과 경쟁할 수는 없다. 그분의 임재가 충분하다고, 혹은 충분치 않다고 느끼는 것과 상관없이, 진리는-그것은 언제나 충분하다는 사실이다!

예수 그리스도는 기독교 예배의 중심이시다. 그분은 하나님 이야기의 영웅이시다. 그분의 위격과 그리고 그분의 일하심은 그리스도인들의 예배를 **기독교**(Christian) 예배로 만든다. 그분은 결정적으로 우리의 예배를 다른 모든 종교들의 숭배와도 구별되게 하시는 분이시다. 궁극적으로 그리스도는 세상에 대한 하나님의 최종적인 말씀이시다.

> 그리스도는 세상에 대한 하나님의 최종적인 말씀이시다.

11　Dorothy L. Sayers, *Letters to a Diminished Church: Passionate Arguments for the Relevance of Christian Doctrine* (Nashville: W Publishing Group, 2004), 20-21.

4. 예수님은 어떻게 예배하실까?(HWJW?)

이제 이 질문에 대답할 준비가 되어 있다.

예수님은 어떻게 예배하실까?(HWJW)

예수님은 하나님이 주셨던 역할-예배의 수령자, 중재자, 인도자-을 성취하심으로써 하나님을 경배하신다. 그분은 지금도 여전히 그렇게 하신다. 인간으로서 예수님은 이 땅에서 성부를 예배하는 그분의 추종자들 사이에 자리 잡으시고 겸손하게 하나님을 경배하셨다. 하나님의 성자로서, 또한 하늘에서도 그분의 추종자들과 함께, 그들을 위하여 계속해서 성부를 예배하신다. 예배를 받으시는 이 예배자는, 하나님이 그분께 주신 역할을 받아들임으로써 과거에도 그래왔고, 앞으로도 계속해서 하나님을 경배할 것이다.

> 예수님은 어떻게 예배하실까?(HWJW)
> 예수님은 하나님이 그분께 주셨던 수령자, 중재자, 인도자의 역할을 성취하심으로써 하나님을 경배하신다.

우리 또한 겸손한 예배자로서 우리 역할을 받아드리며 하나님을 예배해야만 한다. 우리는 하나님을 예배하기에는 제한되고 불완전한 역량을 지닌 인간이다. 우리는 다만 정직한 심령과 신실한 마음으로 예배를 드린다. 여전히, 우리의 예배는 "거룩하고 하나님이 기뻐하시는 예배로서, 우리의 영적 예배"(롬 12:1b NRSV)로 만들기 위해 앞으로도 항상 예수님의 특별한 도움이 필요하다. 우리는 예배자로서 스스로의 한계를 받아들여야 할 뿐만 아니라, 우리의 예배를 하나님께 합당하도록 거룩하게 하시는 예수님의 독특한 역할 또한 받아들여야 한다. 우리를 위해 오직 그리스도만이 하실 수 있는 것들이 있으니, 우리는 그분의 도우심에 간절히 의지해야 한다. 바른 예배는 그리스도께서 행하시는 사역에 달려 있기 때문이다.

여러분은 부르심-예수님의 부르심을 듣고 있는가?

"와서 나를 따르라 … 하나님을 바르게 예배하며 나와 연합하기 위해 필요한 나의 제사장적 도움을 받으며"

5. 나는 어떻게 예배할 것인가 결단하기

1) 성찰

예배를 위한 우리의 롤 모델인 예수님을 살펴본 후에, 우리의 주님이신 스승(Master Teacher)께서 제자들에게 요구하실 적용들을 살펴볼 시간이다. 우선 이런 질문들을 숙고해 보라.

- 여러분이 예배에서 예수님의 임재를 깨닫고 있는지 깊이 생각해보자. 그저 당연하게 여기는지, 혹은 무심결에 무시하고 있었는가?
- 여러분의 교회가 예수님의 임재를 간과하는 것처럼 보일지라도, 예배자로서 예배 중의 그리스도의 임재를 인정할 수 있는가?
- 그리스도께서 우리가 예배할 때 수행하시는 세 가지의 독특한 역할, 즉 받으시고, 중재하시고, 인도하시는 것에 대해 생각해 보자.
  셋 중에 어느 것이 여러분에게 가장 중요한가?
  왜 그렇게 생각하는가?
- 왜 그리스도 중심의 예배가 삼위일체 예배와 모순 관계가 아닌지 여러분 자신의 말로 설명해보라.
  비록 그 개념이 복잡하지만 한 문장으로 설명할 수 있는가?

- 예수님을 참된 예배 인도자(Worship Leader)로 생각할 때 당신을 가장 흥분시키는 것은 무엇인가?

2) 상상하라

이제 다음 주일이다. 여러분은 예배에 대한 기대가 고갈되어 있고 심지어는 흥미도 없이 예배당의 문을 통과해 걸어간다. 아마도 하나님을 예배할 힘조차 없다고 느낄지도 모른다. 그때 여러분은 다른 누군가가 예배를 드리기 위해 그곳에 있다는 사실 – 예배가 여러분이나 혹은 그때 여러분이 가지고 있는 동기에 전혀 의존하지 않는다는 사실 –을 생각해 낸다. 또한, 여러분은 예수님이 여러분과 함께, 그리고 여러분을 위해 예배를 드리시면서, 정말로 그곳에 계시다는 사실을 상기한다.

- 예수님이 성부께 예배할 때 당신이 의도적으로라도 그분과 연합할 수 있는 구체적인 방법을 생각해 보라.
- 여러분이 매주 예배에서 어떻게 해야 그리스도의 임재를 적극적으로 체험할 수 있을까?

3) 행동

하나님의 도우심으로 나는 _____함으로써(구체적으로) 예배를 받으시는 예배자께 초점을 맞추기로 결단한다.

4) 기도

부활하신 주님,
비록 당신이 지상의 사역을 완성하시고, 지금은 성부 하나님 옆에 앉아계시지만, 우리 예배를 가능하게 하시려고, 여전히 우리 중에 함께 계시다는 사실이 경이롭습니다.
교회가 모이는 모든 시간과 장소에, 당신께서 진실로 임재하신다는 사실에 감사드립니다. 당신은 살아계시고 임재하셔서 우리 예배를 받으시고, 그것을 하나님께 올려드리고, 합당한 찬양으로 우리를 인도하신다는 사실을 충만하고 예리하게 깨닫게 해 주시옵소서.
이전에는 그렇지 못했지만, 이제부터는 내 형제자매들과 함께, 당신의 위대한 이름을 찬양하기 위해 드리는 예배를 기뻐하겠습니다.
아멘.

제5장

예배에 대한 하나님의 내러티브

핵심 질문: 예수님의 예배는 얼마나 하나님의 이야기로 가득한가?

최근에 한 친구에게 들었던 아름다운 이야기가 생각난다. 지난 주일에 그가 출석하는 교회에서는 아주 특별한 예배가 있었다. 그것은 교회력(Christian year)의 마지막 예배, 즉 한 해의 주기를 새롭게 시작하는 대림절 직전의 주일 예배였다. 그곳의 교역자들은 회중이 창세부터 종말까지 그리스도 안에서 완성된 하나님의 전체 이야기를 기념할 수 있도록 예배가 전체 교회력의 전경에 맞춰지도록 전념하였다. 그들은 또한 사람들이 다음 주일 대림절의 시작과 더불어 다시 하나님의 이야기를 경축할 준비를 하면서, 하나님의 구속사라는 장엄한 내러티브를 기억하기를 원했다. 다음은 내 친구가 직접 쓴 이야기이다.

> 주일에 6살짜리 손자인 윌리엄(William)은 나와 아내 케이티(Katie)와 함께 앉아있었다. 윌리엄은 교회의 어린이 반에 가지만, 오늘은 우리와 같이 '본당'(big church)에서 예배를 드리고 싶다고 했다. 몇 달 전에 윌리엄은 "내가 볼 수 없는 건 어떤 것도 믿지 않을 거라고 결심했어요!"라고 선포했다. 우리가 나눈 대화이다.

윌리엄: "하나님이 여기 계세요?"

나: "그래, 하나님은 모든 곳에 계셔."

윌리엄: "그분이 보이지 않아요."

나: "우리는 보통 하나님을 느끼지. 하나님을 보지는 않아. 우리가 서로를 보는 식으로 하나님을 볼 수는 없단다."

윌리엄: "나는 내가 볼 수 없는 건 어떤 것도 믿지 않을 거라고 결심했어요!"

나는 결의에 찬 손자의 목소리를 들었다. 심지어 어린 아이에게도, 무엇인가, 혹은 누군가가 의도적으로 그런 방향으로 아이의 생각에 영향을 미쳤다는 것을 깨달았다. 어제 예배 중에 내 옆에 앉은 윌리엄이 화면에 나오는 예배 자막들을 읽고 함께 찬송을 부르는 것을 보았다. 아이는 예배자들이 하나님의 모든 이야기를 진술하는 동안 예배 처음부터 끝까지 참여했다. 차를 타고 집으로 돌아오는 잠깐 동안에, 윌리엄은, "집에 돌아가면 펜과 종이를 주세요."라고 했다. 케이티가 종이와 매직펜을 주자 아이는 어디론가 사라졌고, 우리는 점심 준비를 시작했다.

얼마 안 있어 윌리엄이 종이를 가지고 나왔다. 종이에는 "하나님을 ♥ 해요"(I ♥ God)라고 씌어있었다. 이건 주일학교나 어린이 반에서 나올 수 있는 것이 아니었다. 적어도 어제는 아니었다. 이것은 교회가 그리스도 안에 있는 하나님의 사랑이라는 극적인 이야기를 알려줄 때 그에게 온 것이었다! 신념에 대해 얼마나 근사하고 신박한 진술인가!

윌리엄에게는 신념만 형성된 것이 아니라 하나님에 대한 애정 또한 바뀌었다. 하나님에 대한 아이의 사랑이 불붙은 것이다. 그 교회의 예배는 "우리는 누구이며 우리는 무엇을 위해 존재하는가에 대한 궁극적인 이야

기로 가득했다."¹

결과적으로, 윌리엄이 예배에 참여한 것은 그의 어린 마음에 있는 '바늘을 구부려', 그리스도가 계시는 '나침반의 북쪽'(magnetic north)으로 향하게 한 것이다.² 그 아이는 하나님의 이야기라는 맥락에서 예배를 드렸고, 결국 아이의 마음은 의심에서 사랑으로 움직였다.

1. 지금 우리가 어떻게 예배하고 있는지 묘사하기

이야기에는 힘이 있다. 좋은 이야기는 진행 중인 몇 개의 내러티브로 이루어지고, 그것이 모여 걸작으로 엮어진다. 소설이든지, 동요든지, 드라마가 펼쳐지면서 호기심을 돋우는 인물들이 줄거리와 부줄거리를 만들어 낸다. 결국, 사건의 연속들이 멋진 하나의 줄거리를 형성하는 식으로 연결된다. 일단 연결이 되면, 이야기로 전달할 수 있다. 왜냐하면, 그 이야기에는 시작, 중간, 그리고 끝이 있기 때문이다.

주의 깊게 들여다보면 **내러티브**(narrative)라는 단어가 텔레비전, 인터넷, 영화 등 거의 모든 곳에서 우리의 어휘 속에 스며들어 있다는 것을 알 수 있다. 체육 코치는 운동선수에게 더 나은 성과를 내도록 자극을 줄 수 있는 새로운 내러티브를 쓰라고 말한다. 정치가는 선거에 이기기 위해서 내러티브의 통제에 대해서 말하고, 변호사들은 소송에서 이기기 위해서 내

---

1 James K. A. Smith, *You are What You Love: The Spiritual Power of Habit* (Grand Rapids, MI: Brazos, 2016), 46.
2 Smith, *You are What You Love*, 47.

러티브를 신중하게 구성하는 것에 대해서 말한다. 또한, 아동 심리학자는 학대받은 어린이들의 내러티브를 재작성해서 그들이 인생 가운데 전진하도록 도와준다. 내러티브는 건설적일 수도 있고, 파괴적일 수도 있다. 그것이 건설적이든 파괴적이든, 어떤 쪽의 내러티브를 믿느냐에 따라 새로운 현실이 만들어진다. 내러티브는 진실하거나, 현실적일 수도 있고 그렇지 않을 수도 있다. 그러나 결국 삶을 살아가는 방식에 영향을 미칠 것이기 때문에, 내러티브에는 목적의식이 **있다**(is). 우리는 우리의 내러티브를 형성하고 내러티브는 우리를 형성하는 것이다.

우리의 지극히 개인적인 이야기들은 우리가 그것을 깨닫든, 그렇지 않든 보다 큰 이야기의 일부들이다. 그것은 '메타내러티브'(metanarrative), 즉 우리가 그것을 통해 세상을 바라볼 수 있게 하는 웅장한 이야기 안에 존재한다(**메타**[*Meta*]는 포괄적인[all-encompassing]을 의미하고, **내러티브**[narrative]는 이야기이다). 우리의 이야기는 시간과 문화 속에서 일어난다. 그래서 그 이야기들은 우리가 우리 주변의 더 큰 세상과 연결될 때 그것들을 포함하는 메타내러티브의 관점에서만 의미가 있다. 비록 우리에게는 자신만의 이야기가 있지만, 우리는 사실이라고 이해하는 모든 메타내러티브의 렌즈를 통해서 그 의미를 해석한다.

하나님께도 이야기가 있다. 우리는 그것을 하나님의 이야기라고 말한다. 그것은 창조(Creation), 성육신(Incarnation), 그리고 재창조(Re-Creation)라는 **하나님의**(the) 메타내러티브이다. 하나님의 이 위대한 이야기는 의도한 결론에 이르기까지 성경의 많은 내러티브를 통해서 전해져 왔다.

> 하나님의 이야기는 성부, 성자, 그리고 성령의 역사이다. 하나님은 창조하시고, 창조에 관여하신다. 그리고 하나님이 거처하시는 동산으로서 세상을, 하나님의 사랑과 교제를 나누는 공동체로서 사람들을 구속하고 회복

하시기 위해 시간, 공간, 그리고 역사 속으로 성육신 되신다.³

하나님의 이야기는 등장인물과 구성, 주제들과 전개되는 드라마가 겹겹이 어우러져서 실재의 장엄하고 방대한 줄거리를 형성한다. 하나님의 이야기 중심에는 하나님의 아들이신 예수 그리스도가 계신다. 줄거리는 그분의 오심에 대한 기대를 키우고, 그분의 지상 사역을 기록하며, "그리스도가 나라를 아버지 하나님께 바칠 때"(고전 15:24)인 미래의 순간을 기술한다.

다행스럽게도, 우리가 내러티브를 창조해야 할 필요는 없다. 왜냐하면, 하나님께서 이미 완성하셨기 때문이다. 그것은 구약과 신약에 상세하게 기록되어 있고, 시간을 뛰어넘는 이 장엄한 이야기의 다양한 측면을 전해 주고 있다. 본질적으로, 하나님의 이야기는 하나님이 하셨고, 하고 계시며, 그리고 하실 모든 것으로 구성된다.

> 하나님의 이야기는 하나님이 하셨고, 하고 계시며,
> 그리고 하실 모든 것으로 구성된다.

---

3 Robert E. Webber, *Ancient-Future Worship: Proclaiming and Enacting God's Narrative* (Grand Rapids: Baker, 2008), 43. 본서는 『예배학』(CLC)으로 출간 됨.

하나님의 이야기는 시작, 중간, 그리고 결말이 있다. 예배가 하나님의 이야기를 **행한다**(does)고 말하는 것은 예배에서 우리가 선포하고, 기념하며, 말씀을 실천하는 것을 말하는 것이다. 우리는 말씀, 즉 이야기를 들을 뿐만 아니라, 그 이야기에 적극적으로 참여한다.

최근에 다음과 같은 진술을 듣게 되었다.

> 만약 내러티브를 잘못 이해한다면, 잘못된 해결 방안을 찾게 될 것이다.[4]

그것이 전달하는 메시지는 명확하다. 이미 잘못된 줄거리로 경로를 이탈한 경우에 대응은 별 도움이 되지 않을 것이다. 만약 우리가 예배를 잘못 드린다면, **모든 것**(all)이 잘못된 것이다. 그래서 예배를 바로 드리기 위해서, 우리의 주님이신 스승을 주의 깊게 살펴보자, 그래서 그분의 예배가 하나님의 이야기를 어떻게 반영했는지를 알아보자.

예수님의 예배는 얼마나 하나님의 이야기로 가득한가?

---

[4] Yunusa Nmadu, Jeremy Weber, "No Cheeks Left to Turn: The Double Persecution of Africa's Largest Church." *Christianity Today* 62. no.9 (November 2018): 32에서 인용.

핵심 질문: 예수님의 예배는 얼마나 하나님의 이야기로 가득한가?

2. 예수님은 어떻게 예배하셨는지 발견하기

유대인으로서 예수님은, 세상이라는 무대에 나타나시기 수 세기 전에 이미 하나님께서 제정하셨던 공 예배에 참석하셨다. 예수님은 조상들의 신앙을 물려받았고, 그것으로부터 예수님 자신의 영적 이야기를 형성했다. 역사 속 히브리인들의 예배가 처음부터 그분의 유전자(DNA) 안에 있었던 것이다.

처음부터 유대인들의 예배는 하나님의 이야기, 즉 하나님께서 그분의 언약 백성을 위해서 하셨던 것, 하시고 계신 것, 그리고 하실 것 모두와 전적으로 동일시되었다. 예수님의 예배 유형들을 조사해보면, 그분은 하나님 이야기의 중요한 3가지 규칙, 즉 안식일을 지키고, 유대인의 축일들을 준수하며, 예배 예전에 말씀 이야기를 연결시킴으로써 하나님의 이야기에 몰입하셨다.

1) 하나님의 이야기로서 안식일

하나님의 이야기는 창조로 시작된다. 그리고 안식일(Sabbath)은 창조 이야기의 거대한 부분이다. 6일 동안의 창조 후에, 하나님은 안식하셨다. 그렇게 하심으로써 하나님의 창조에 안식을 포함시킨 7일의 주기가 제정되었다. 수 세기 동안, 안식일을 지킨다는 것은 대부분 일을 하지 않고 쉬는 것과 관련되어 사람, 동물, 그리고 토지도 다른 6일 동안의 물리적 요구로부터 해방되어 회복될 수 있었다. 초기에는, 안식일을 지키는 것과 공동 예배는 거의 관련이 없었다. 왜냐하면, 영구적인 예배 장소가 없었거나,

혹은 (훨씬 후에) 그런 장소가 생겼을 때에도 예루살렘의 성전으로부터 멀리 떨어져 살았던 사람들은 그곳에 접근할 수 없었기 때문이었다.[5]

율법을 주시면서, 하나님은 백성들에게 "안식일을 기억하여 거룩하게 지키라"(출 20:8)고 명령하셨다. 하나님의 계명에 대한 설명이 공동 예배가 아니라, 안식을 언급하는 것이 흥미롭다. 안식일에 쉰다는 것은 예배의 행위였다(was). 그러나 예수님 당시에는 성전이라는 중심 장소가 있었고, 회당 또한 멀리, 그리고 광범위하게 존재하고 있었다. 성전과 회당 둘 다 안식일 예배 장소의 역할을 했다.

유대인들은 창조를 기념하여 한 주일의 일곱째 날인 토요일(비록 금요일 저녁 일몰부터 토요일 일몰까지였지만)에 안식일을 지켰다. 이러한 하루-24시간(24 hour-day)은 유대교 주간의 정점이었다. 다른 모든 날들은 이 절정을 향해 움직였다. 시간은 하나님의 창조라는 7일 리듬을 기억하는 아름다운 주기 안에서 안식일부터 안식일까지로 표시되었다.

안식일을 지키는 것은 예수님의 예배 관행 중에 두드러진 모습이다. 예수님이 부활하신 후, 초기 유대인 제자들은 인류 역사에서 가장 위대한 사건을 기억하는 방식으로서 안식일은 물론이고 일요일에도 만나기 시작했다. 왜냐하면, 일요일은 하나님께서 예수님을 죽음으로부터 살리신 주간의 그날이었기 때문이다. 그들은 자신들의 주님을 경외하는 방식으로 주간의 그날을 '주일'(the Lord's Day)이라고 부르기까지 했다. 그리스도의 부활은 새 창조(New Creation)를 대표하게 되었다. 결과적으로, 초기 신자들에게 주일 예배(Lord's Day worship)는 안식보다는 즐거운 예배와 교제가 특징이었다.

---

[5] Justo L. Gonzalez, *A Brief History of Sunday: From the New Testaments to the New Creation* (Grands Rapids: Eerdmans, 2017), 5.

몇 년 동안(정확히 얼마나 오래인지 아무도 모른다), 유대인 그리스도인들은 성전이나 회당에 가서, 그곳에서 성경과 기도로 드리는 예배에 참석하며 토요 예배를 지켰다. 또한, 사도가 가르치고, 기도하며, 떡을 떼고 교제하는 예배에도 참석함으로써 주일 예배도 드렸다(이러한 두 구조들은 모두 사도행전 전체에서 볼 수 있다). 결국, 그리스도인들은 유대인들의 예배 장소에서 더 이상 환영받지 못하게 되었고, 주일부터 주일까지, 일요일부터 일요일까지라는 새로운 주기로 자신들만의 시간을 표시하는 것이 자연스럽게 되었다. 4세기에는 그것이 공식화되었다. 로마 황제 콘스탄티누스는 일요일을 제국 전체의 그리스도인들을 위한 예배의 날로 정했다.

지금쯤 여러분은 안식일을 지키는 것이 하나님의 이야기와 무슨 관련이 있는가라고 궁금해 할지 모르겠다. 사실상 아주 많은 관련이 있다. 안식일을 지킨다는 것은 처음부터 이야기 속으로 들어가는 것이다. 인류의 내러티브의 시작 장면은 거룩한 날 하루를 지정함으로써 창조 자체에 내재하는 주간 리듬을 세우셨던 창조주 하나님으로부터 시작된다(창 2:2-3).

그리고 그 목적은 기억하기 위한 것-즉 모든 피조물과 관계를 추구하시는 신성한 존재(Divine Being)로서 하나님이 누구신지를 기억하기 위한 것이다. 안식과 예배를 위해 안식일을 지키는 것은 하나님이 먼저 행하신 것을 기억하기 위한 주요한 방식이다. 안식일을 지키는 것은 여러분의 발을 하나님의 이야기의 문지방에 올려놓는 것이다.

이야기의 다른 장이 펼쳐지기 전에 얘기하자면, 이 거룩한 기억은 하나님의 계획에 따라 매주 일어난다. 지정된 안식과 예배의 날을 지킬 때, 여러분은 문지방을 가로질러서 전체 이야기를 경축하는 문을 통과하기 시작한다. 매 7일마다 예배를 위해서 모이는 것은 하나님의 이야기의 핵심을 드러내는 것이다. 안식일을 지키심으로써, 예수님은 창조와 더불어 시작되는 이야기의 서두에서, 산다는 것이 무엇을 의미하는가의 본을 보이셨다.

2) 하나님의 이야기로서 성일들과 축일들

예수님의 예배가 하나님의 이야기로 가득한 두 번째 방식은 예수님이 유대교의 성일과 축일들을 지키는 것이었다. 수 세기 동안 시간의 주간 단위는 많은 날들과 절기들로 확장되어서 하나님께서 어떻게 그분의 백성을 위해서 중요한 방식으로 계속해서 활동하셨는지를 표시한다. 창세기부터 요한계시록까지, 하나님은 그분의 목적을 성취하시기 위해서 인류 역사에서 간섭하시는 것을 알 수 있다.

그리고 하나님의 한결같은 사랑이 나타날 때마다, 하나님의 이야기가 한 장씩 차례로 펼쳐진다. 예수님은 하나님의 이야기를 따라서 시간을 표시했던 이런 성일들과 축일들에 드리는 예배에 신실하셨다. 그분은 신실하게 참석하셨고, 또 그렇게 하셨을 때, 예수님은 계속해서 하나님의 이야기를 말씀하고 계셨다.

최초로 확립된 유대인의 축제인 유월절(Passover)이 그 대표적인 예이다. 유월절 잔치(정해진 날)와 전체 유월절 축일(일주간의 축제)은 하나님의 백성들이 애굽을 벗어나와 홍해를 건너 마른 땅으로 행진할 때 그들을 수 세기에 걸친 노예 상태로부터 해방시키는 하나님의 기적적인 행위들을 회상하게 했다. 일련의 지독한 역병들 후에, 하나님은 사람과 동물 모두의 장자를 죽이심으로써 애굽의 무릎을 꿇게 하셨다. 하나님의 백성을 제외하고는 어떤 가족의 장자도 살아남지 못했다. 그것이 최후의 결정타였다. 애굽은 더 이상 이스라엘의 출발을 금지할 수 없었다.

이런 근사한 이야기를 전하는 것은 매년 유월절 축일의 예전을 형성했다. 그렇지만, 그 이야기는 말로써 전해질 뿐만 아니라, 상징적인 재연으로도 전해졌다. 하나님이 자신들의 거주지를 '넘어가시는'(pass over) 표지로서 이스라엘 백성의 문설주에 바른 피, 자신들이 서둘러 이집트를 떠난 본질(이스트가 발효할 시간이 없었던)을 알리기 위한 무교병을 먹는 것, 하나님께 드리는 제물로서 죽임 받고, 사람들이 먹는 유월절 양, 급하게 식사하는 것, 앞으로 펼쳐질 여정을 준비하기 위해서 발에는 샌들과 손에는 단장, 그리고 등등이 있다. 그 이야기는 풍성한 상징성을 지닌 의상과 소품을 사용하면서 해마다 전해졌다.

유월절은 유대교의 예배 중 가장 중요한 축일이 되었다. 왜냐하면, 그것이 그 역사 속에서 **바로**(the) 결정적인 내러티브였기 때문이다. 하나님은 각 세대에게 그 이야기가 반드시 전해지도록 하셨다.

> 너희는 무교절을 지키라 이 날에 내가 너희 군대를 애굽 땅에서 인도하여 내었음이니라 그러므로 너희가 영원한 규례로 삼아 대대로 이 날을 지킬지니라(출 12:17).

유월절 경축을 통하여 기억되는 출애굽 사건은 메타내러티브였다. 그리고 그것을 통해서 하나님의 백성은 자신들의 삶에 있는 모든 내러티브를 이해했다.

모든 유대교의 축일들은 심오한 예배를 위한 기회였다. 엄숙하건, 축하하는 것이건, 사람들은 몇 번이고 계속해서 해방시켜 주셨던 자신들의 하나님을 경배했다. 자신들의 역사 전체에서 이러한 해방의 이야기들을 전하고, 다시 전함으로써 하나님의 공급하심을 극적인 방식으로 기념하기 위해서 수많은 성일들과 축일들이 구별되었다. 그러한 해방의 이야기들은 홍해에서 구출시킴, 광야에서 만나의 기적을 베푸심, 가나안을 정복함, 젖과 꿀이 흐르는 땅에서 매년 걷는 풍성한 수확, 에스더 여왕의 지도력하에서 유대 민족을 보존시키심을 포함하고 있다, 그리고 이야기는 계속된다. 하나님은 그분의 한결같은 사랑이라는 메타내러티브를 전하고 또 전하는 방식으로서 날들과 축일들을 세우셨다.

예수님은 이러한 성일들과 예배의 절기들을 규칙적이고 대단한 열정을 갖고 지키신 것으로 보인다. 복음서들은 구체적으로 예수님이 유월절 축일(Passover Feast[이집트로부터 탈출한 것을 경축함]), 초막절(Festival of Tabernacles[광야에서 하나님이 임시 주거지로 돌보아 주심을 기념함]), 그리고 하누카(Hanukkah)로도 알려져 있는 봉헌절(Festival of Dedication[예루살렘에서 제2성전의 재 봉헌을 기억함])을 지키셨던 것을 언급한다. 유대교 달력이 하나님의 이야기 내러티브 중 하나를 전하라고 요구하는 날에는, 예수님이 그곳에 계셨다. 요한복음에 따르면, 여러분은 그분을 멀리할 수 없었을 것이다. 한 번은 예수님이 예루살렘에서 매년 열리는 초막절에 참석하기를 원하셨던 것으로 보인다. 그것은 모든 유대인 남자에게 요구되었던 것이다. 그러나 예수님은 제자들에게만 가도록 말씀하셨다. 왜냐하면, 예수님이 공공연히 나타나는 것은 안전하지 못했기 때문이었다.

유대교 지도자들은 예수님을 죽일 기회를 찾고 있었다. 예수님이 과녁이었다. 그렇지만 요한은 "그 형제들이 명절에 올라간 후에 자기도 올라가시되 나타내지 않고 은밀히 가시니라"(요 7:10)라고 기록한다.

예수님은 하나님의 이야기에 너무나 열정적이어서 생명에 커다란 위험을 감수하고까지 참석하셨던 것이다!

3) 예전과 하나님의 이야기를 전함

예수님은 종종 제자들에게 세심한 배려를 하시면서 예배 예전이라는 맥락에서 하나님의 이야기를 말씀하셨다. 예수님은 자주 하나님께서 과거에 무엇을 하셨으며, 현재는 무엇을 하시고, 미래에는 무엇을 하실지 설명하고자 애쓰셨다. 예수님이 돌아가시기 전날 밤에 있었던 마지막 유월절 만찬에서, 예수님은 열두 제자에게 하나님의 이야기를 말씀하셨다. 그분은 유월절 만찬의 의미를 다가오는 배반과 그분의 죽음이라는 관점에서 재해석하셨다.

그리고 그분은 미래의 왕국에 관해서 말씀하셨다. 이 모든 것이 유월절 예전의 맥락에서 발생했다(마 26:17-32를 보라). 사흘 후인 부활하신 날 저녁에, 예수님은 동일한 일을 하셨다. 이번에는 예수님께서 두 제자들과 합류하셨다. 그들은 예수님이 십자가에서 죽음 당하신 것을 본 후 고향으로 돌아가던 중이었다. 예수님은 그들에게 "모세와 모든 선지자의 글로 시작하여 모든 성경에 쓴"(눅 24:27) 하나님의 이야기를 설명하셨다. 그 이야기는 제자의 집에서 저녁 친교 식사로 절정에 달했다.

> 예수님께서 그들과 함께 음식 잡수실 때에 떡을 가지사 축사하시고 떼어 그들에게 주시니, 그들의 눈이 밝아져 그인 줄 알아보더니 예수는 그들에게 보이지 아니하시는지라 (눅 24:30-31).

예수님은 하나님의 이야기에 관한 상세한 설명을 친교 식사 자리에서의 예배와 결합시키셨다. 그리고 그것은 완전히 변혁적인 것이었다.

사복음서는 예수님이 예배를 통하여 하나님의 이야기에 깊이 몰입되어 계신 것을 일관되게 보여 준다. 기독교 예배와 이야기는 분리될 수 없다. 이야기로 말미암아 예배하고, 예배를 통해서 이야기를 경축한다. 그것은 강력하고, 주기적이며 영원한 원동력이다. 하나님을 찬양하는 것은 하나님의 행위와 분리될 수 없다. 하나님이 누구신가 하는 것은 하나님이 하신 일에서 표현된다. 왜냐하면, 하나님은 역사의 줄거리를 구성하기 위해 하나님이 만드신 피조물들에게 다가가시는 관계적인 존재(Being)이시기 때문이다.

3. 오늘날 예수님은 어떻게 예배하실지 숙고하기

구약에서 유대교의 예배는 하나님의 이야기를 어느 정도 전해주었지만, 이제 메시아의 오심과 더불어 이야기의 핵심이 드러난다. 이전에는, 예배는 아브라함을 중심으로 한 옛 언약(Old Covenant)을 대표했지만, 이제는 예수 그리스도가 중심인 새 언약(New Covenant)을 대표한다. 기독교 시대의 시작과 더불어, 우리가 삼위일체 하나님을 경배할 때, 경축할 것이 더욱 많이 있다.

그리스도의 추종자로서, 하나님의 이야기를 행하는데 가장 좋은 방식은 예수님이 하신 것을 행하는 것이다. 그것은 경축하고, 재연하며, 그리고 전하는 것이다. 우리는 부활하신 날인 주일과 또한 오랜 시간에 걸쳐서 하나님의 사랑과 신실하심을 증언하는 성일들과 축일들에 참석한다. 유대인들이 국가로서 자신들의 역사 전체를 통해서 하나님이 행하셨던 모든 것을 기억하면서 예배했던 것과 꼭 마찬가지로, 그리스도인들도 기억하기 위해서 예배를 드린다.

우리는 예수 그리스도 안에서 하나님이 하셨던 모든 것을 기억한다. 그리스도는 하나님의 이야기의 중심이시다. 왜냐하면, 하나님께서 예수님을 "만물의 으뜸이 되도록" 하셨기 때문이다(골 1:18). 이제 성일들은 성자의 삶, 죽음, 부활, 승천, 그리고 재림에 그 근원을 찾는다. 인류 역사는 영원히 그 기준점을 예수님 안에서 발견한다.

회중들은 자신들이 깨닫든, 그렇지 않든, 주일 예배로 모일 때 하나님의 이야기의 한 측면을 관찰한다. 이는 모인다는 바로 그 행위가 축소된 형태로 메타내러티브를 입증하는 것이기 때문이다.[6] 그리고 대부분의 교

---

[6] 창조는 7일 주기를 수립하고, 성육신은 그리스도의 부활의 날을 경축하며, 재-창조는 영원한 예배로서 예상된다. 주일은 그 모든 것을 포함한다.

회는 성탄절과 부활절을 경축함으로써 그 이야기의 일부분을 매년 전한다. 그러나 그 이야기에는 더욱 많은 것들이 있다!

그리스도를 중심으로 한 하나님의 이야기의 모든 장들-예수님의 세례, 그분이 지상에서 가르치신 사역과 기적들, 부활하신 후의 현현, 예수님이 약속하셨던 성령님의 오심, 교회의 출현, 그리스도의 재림, 심판, 그리고 새 하늘과 새 땅의 창조를 포함하는-을 생각해 보라. 그리고 이것은 단지 빙산의 일각일 뿐이다.

예배가 하나님의 이야기를 행할 때, **교회력**(Christian Year)이란 용어를 들었던 적이 있든지 없든지, 우리는 실제로 교회력을 지키고 있는 것이다. 그것은 단순히 우리가 예배할 때 성령님을 통해서 그리스도 안에서 하나님의 메타내러티브를 중심으로 시간을 표시하는 것을 언급한다. 그것은 '하나님 나라의 달력'(kingdom calendar)이 우리 삶의 방향을 바꾸도록 하여, 우리 시야를 넓히는 데 도움이 되도록 돕는 것이다.

우리 모두는 일상이 질서 있게 유지되도록 일반적인 달력을 사용해야 하지만, 예수님의 추종자로서 우리는 하나님 나라의 시민이고, 땅의 시간은 하나님의 더욱 큰 이야기와 관련해서만 의미가 있다. 달력 전체를 통해서 교회력을 따르는 것은 시간의 흐름에 따라 하나님의 전체 이야기로 예배하기 위한 것이다. 교회력 또한 52주라는 큰 주기이다. 모든 위대한 이야기와 마찬가지로 그것은 반복되어야 할 가치가 있다. 이야기를 기억하기 위한 것만 아니라, 매번 그 이야기 안에서 우리의 위치를 발견하는 방식으로서 교회력은 매년 이야기되어야 한다. 결국, 그것이 지금까지 말한 것 중 가장 위대한 이야기**이다**(is).

1) 현재의 도전들

우리가 받아들이도록 겨루면서 서로 경쟁하는 많은 메타내러티브가 있다. 각자는 세상을 이야기하는데 열정적이다. 사실상 "**누가 세상을 서술할 수 있는가**는 우리 시대의 가장 시급한 영적 문제이다."[7] 그 질문에 대한 우리의 답은 우리가 예배하는 방식과 전적으로 관련이 있을 것이다. 하지만, "우리가 공 예배에서 그 이야기를 행하지 않는다면, 어떻게 세상이 자신의 이야기를 알 것인가?"[8] 오늘날 우리는 예배에서 하나님의 이야기를 하는 데 몇 가지 도전에 직면해 있다. 그중 두 가지가 특별히 중요하다.

(1) 내 이야기인가? 혹은 하나님의 이야기인가?

우리가 자신의 이야기들에 일반적으로 몰두하는 것과(여러분의 <페이스북> 친구들의 일화들을 보라!), 그리고 하나님의 이야기에 대한 지식의 감소를 감안한다면, "우리 예배의 많은 부분이 하나님과 하나님의 이야기에서 나와 내 이야기로 초점을 옮겼다"라는 우려가 있다.[9] 내 친구가 멜 깁슨(Mel Gibson)의 <그리스도의 수난>(*The Passion of the Christ*)이라는 영화를 보려고 기다릴 때 한 관객이 "이 영화는 실화를 바탕으로 만들어 졌대"라고 말한 것이 증명하는 것처럼, 더 이상 사람들이 기독교에 대한 기본적인 지식을 가지고 있다고 가정할 수 없다.

우리 이야기와 하나님의 이야기 사이의 관계에 대해서 혼동이 있다. 로버트 웨버는 이러한 우려를 다음과 같이 공유한다.

---

7 Robert E Webber, *Who Gets to Narrate the World? Contending the Christian Story in an Age of Rivals* (Downers Grove, IL: Inter-Varsity, 2008), 11. 이탤릭체는 원래 것임.
8 Webber, *Ancient-Future Worship*, 40.
9 Robert E. Webber, *The Divine Embrace, Recovering the Passionate Spiritual Life* (Grand Rapids: Baker, 2006), 231.

일부 그리스도인들의 지배적인 오류는 다음과 같이 말하는 것이다. "내 이야기에 하나님을 끌어 들여야만 해." 고대에서 이해한 것은 하나님께서 인류의 이야기에 합류하셔서 **우리를 그분의 이야기 속으로 데려 가시는 것**(to take us into his story)이다. 다른 세상이 있다. 하나는 자기애 적이고, 다른 하나는 하나님 지향적이다. 여러분의 삶이 하나님의 이야기에 합류되어 있다는 사실을 깨달을 때, 그것은 여러분의 영적인 삶 전체를 바꿀 것이다.[10]

우리의 이야기는 하나님께 매우 중요하다. 그러나 그것은 하나님의 우주적 이야기에 둘러싸여 있을 때 가장 잘 이해된다.

저명한 랍비인 아브라함 헤쉬겔(Abraham Heschel)은 하나님의 이야기와 우리 이야기 사이에서 경쟁하는 예배자들의 동일한 문화적 도전에 직면했다.

> 사람들은 헤쉬겔에게 회당 예전은 자신들이 의도했던 것을 말할 수 없다고 불평했다. 그는 다음과 같이 응수하곤 했다. '목표'(goal)는, '예전이 당신의 의도를 말하는 것이 아니라, 예전이 말하고 있는 것이 당신의 의도가 되는 것이다.'[11]

(2) 하나의 내러티브인가? 혹은 다수의 내러티브인가?

오늘날 많은 사람들은 현실을 지배하는 하나의 진정한 메타내러티브 같은 것은 없다는 관점을 유지하고 있다. 대신에, 그들은 모두가 동등하

---

10 Webber, *Ancient-Future Worship*, 23.
11 Richard John Neuhaus, *Freedom for Ministry* (San Francisco: Harper and Row, 1979), 127.

게 유효한 것으로 간주되는 많은 가능한 대안들을 허용한다. 성경은 한 분 주님, 하나의 신앙, 그리고 하나의 세례를 중심으로 하나의 이야기를 가진 한 분 하나님이 계시다는 반문화적인 관점을 제시한다. 기독교 예배는 이 이야기를 서술한다. 그것은 신자로서 우리 이야기일뿐 아니라, 세상의 이야기이기도 하다. 하나님의 내러티브로 가득한 예배는 우리 모두가 하나님의 이야기 안에서 우리 자리를 찾을 수 있도록 도와줄 것이다. 그런 후에 우리는 바른 내러티브와(and) 바른 해결책을 가졌다는 사실을 알게 될 것이다.

하나님이 누구신가와 하나님께서 구속 역사에서 행하셨던 방식들은 우리 예배의 예전들을 깊게 형성한다. 요약하자면, 예배는 "과거에 하신 하나님의 역사를 기억하고, 하나님께서 모든 피조물을 다스리심을 기대하는 것이며 과거와 미래 모두를 현재에서 실현하여 사람들과, 공동체와 세상을 바꾸는 것이다."[12] 이것이 바로 예배에서 전해지는 이야기가 정말로 중요한 이유이다.

2) HWJW?

만약 예수님이 오늘날 우리 사이에 계신다면, 그분은 어떻게 예배하실 것인가?

그분은 하나님의 이야기를 예배의 가장 중요한 내러티브로서 말씀하실 것이다.

> *HWJW?* **예수님**은 하나님의 이야기를 예배의 가장 중요한 내러티브로서 말씀하실 것이다.

---

12 Webber, *Ancient-Future Worship*, 43.

예수님은 기념하고, 실행하시고, 하나님의 이야기를 전하실 것이다.

여러분은 부르심-예수님의 부르심을 듣는가?

"와서 나를 따르라…. 하나님의 이야기로 알려진 하나님의 신성한 내러티브 속으로 들어와서 그곳에서 너의 자리를 찾는 것으로써."

4. 나는 어떻게 예배할 것인가 결단하기

1) 성찰

우리 예배의 롤 모델이신 예수님을 살펴본 후, 이제는 우리의 주님이신 스승(Master Teacher)께서 제자들에게 요구하실 적용들을 살펴볼 시간이다. 우선 이런 질문들을 숙고해 보라.

- 여러분의 정체성에 중요한 가족 이야기가 있는가?
  가족 모임에서 그것을 얼마나 자주 이야기 하는가?
- 여러분의 주 7일을 반추해 보라.
  어느 요일을 주된 표지로 삼고 있는가?(예를 들어, 월요일부터 월요일, 금요일부터 금요일 등등)
  왜 그 요일인가?
- 살아오면서 삶의 내러티브를 다시 쓰기를 원했던(혹은 다시 썼던) 시간이 한 번이라도 있었던가?
  명확하게 다른 경로를 취하기로 결정했던 시간은?
  무엇이 여러분으로 하여금 가장 중요하고 새로운 내러티브를 추구하도록 했는가?

- 하나님을 우리 이야기 속으로 초청하는 것과 하나님이 그분의 이야기에 우리를 초청하시는 것 사이의 차이점은 무엇이라고 생각하는가?

2) 상상하라

이제 다음 주일이다. 여러분은 그날이 그저 달력에 있는 한 주간의 첫째 날이 아니라, 정말로 주님의 날(Lord's Day)이라는 사실을 인정한다. 여러분은 그리스도와 그리스도의 왕국의 목적에 중심을 둔 시간에 대해 생각하기 시작했다는 사실을 깨닫고 있다. 여러분은 신나서 부활하신 주님을 경배하기 위해 주일에 모였던 초기 신자들 사이에 있는 자신을 상상한다.

- 비록 여러분의 교회가 내러티브에 의해서 움직이지 않더라도, 예배에서 여러분이 더욱 의도적으로 "하나님의 이야기를 행"할 수 있는 구체적인 방법을 찾아내 보라.
- 하나님의 내러티브에 더욱 몰입될 수 있도록 여러분이 취할 하나의 구체적인 행동 단계는 무엇인가?

적용 제안: 비록 오랜 시간 동안 교회가 성경의 그리스도 사건들 중의 많은 것들을 의도적으로 지키지 않는다고 하더라도, 교회력을 중심으로 체제가 갖추어진 개인적인 기도자료들을 찾으려고 노력하라. 많은 사람들은 매일의 기도에서 예수님의 일생을 추적하는 것이 자신들의 유대감을 깊게 만들고, 예수님과 더욱 가까우면서도 동일시하는 것을 도와준다는 사실을 알게 되었다.

3) 행동

하나님의 도우심으로, 나는 _____ 함으로써(구체적으로) 예배를 하나님의 이야기를 행하는 기회로 만들 것이다.

4) 기도

하나님, 당신이 하셨고, 하고 계시며, 하실 모든 것에 대해 감사드립니다.
제가 당신의 영원한 사랑의 내러티브 안으로부터 세상을 바라볼 수 있도록, 당신의 이야기 아래에 저의 이야기를 두도록 도와주시옵소서.
당신의 장엄한 내러티브의 절정, 모든 피조물이 당신의 끊임없는 찬양에 합류할 때를 기쁘게 기대하면서 날마다 당신을 경배하도록 도와주시옵소서.
우리 주 예수 그리스도의 이름으로 기도드렸습니다. 아멘.

제6장

예배의 대화

> 핵심 질문: 대화식 예배가 예수님께는 얼마나 중요했는가?

　원활한 의사소통은 모든 중요한 관계에서 핵심이 된다. 소통이 되지 않는다면 진정한 관계 또한 성립될 수 없다. 사람들이 서로 의사를 소통할 때면, 아래와 같은 멋진 일들이 생기곤 한다. 다른 사람들에게는 무엇이 중요한지를 알게 되고, 격려와 위로의 말들을 건네며, 일을 잘 해낸 것을 칭찬해주고, 우리의 소망, 꿈, 관심사와 기분을 표현하게 되는 것 등등 말이다. 또 누가 개를 산책시키고, 쓰레기를 버리며, 잔디를 깎고 세탁을 할 것인가 등의 일상생활의 세세한 것들에 대한 의견을 나눈다.

　의사소통은 수많은 형태를 취한다. 오늘날에는, 직접 대면하지 않아도 의사소통을 도와주는 많은 도구들이 있다. 휴대폰, 이메일, 문자 메시지, 영상 통화, 혹은 페이스 북을 사용하는데, 계속해서 더 많은 기술들이 개발되고 있다. 즉시 소통하도록 돕는 통신 기능들이 너무나 놀라워서 우리는 종종 더 빠르고 더 짧은 응답들을 기대하기도 한다. 축약어들(LOL[크크크])과 상징들(이모티 콘[emojis])은 대화를 거의 하지 않거나, 대화 없이도 소통이 되도록 한다. ☺

　심지어 대면하고 있을 때에도, 항상 소통하는 것은 아니다. 너무나 많은 사람들이 음식점 식탁에 앉아서 음식이 나올 때까지 서로 말 한마디

하지 않고 휴대폰만 보고 있는 것을 목격할 수 있다. 그들은 어떤 사람과 소통할 수 있지만, (식탁에서 서로 문자로 주고받지 않는 한!) 함께 앉아 있는 사람과 소통하지는 않고 있다. 그렇다. 의사소통에는 많은 형태가 있지만, 여전히 얼굴을 맞대고 하는 소통이 우리에게 최선이다. 그렇게 하면 사람의 음성, 얼굴 표정, 눈의 반짝임, 어깨에 얹은 손, 그리고 어조를 포착할 수 있다.

하나님의 형상으로 만들어진 우리는 관계적 존재들이다. 그것이 바로 하나님께서 우리를 그분의 이야기에 참여시키는 이유인 것이다. 왜냐하면, 하나님의 이야기는 관계의 내러티브이기 때문이다(앞 장을 보라). 정직하고 정기적인 의사소통은 모든 관계의 관건이다. 그것은 예배에서도 동일하다.

1. 지금 우리는 어떻게 예배하고 있는지 묘사하기

기독교의 하나님은 본질상 전적으로 관계적 존재이시다. 아마도 유대 기독교(Judeo-Christian) 예배에서 공통적으로 가장 주목할 만한 측면은 하나님께서 말씀하시고, 들으시며, 간섭하시고, 부르시며, 공급하시는 것, 고치시며, 인도하시고, 격려하시며, 그리고 궁극적으로 열방을 축복하도록 그분의 백성을 보내심으로써 직접 신앙 공동체에 참여하신다는 사실이다. 인류 역사에서 이렇게 깊게 직접적이고, 대화적 방식으로 묘사된 다른 신은 없다. 따라서 구약과 신약에서 시간이 경과함에 따라 발전된 공동 예배가 대화식이라는 것이 이제야 이해가 된다.

하나님께서 본질상 관계적이시기 때문에, 예배 또한 본질상 관계적이 되어야 한다. 왜냐하면, 우리는 우리가 경배하는 하나님과 전혀 다른 예배를 만들어내서는 안되기 때문이다. 그리고 예배는 관계적이기 때문에,

또한 대화적이다. 모든 대화에는 적어도 대화에 참여하는 두 당사자가 수반된다. 단 한 당사자와의 대화는 독백, 즉 자신과의 대화이다. 성경적 예배는 대화식 예배이다. 다양한 예배 요소들이 관련된 관계들을 지원하기 위해서 어느 방향으로든지 대화의 통로를 제공한다.

본 장에서는 우리도 하나님과, 그리고 서로 간의 대화를 시작하기 위해서 예수님이 실행하셨던 예배의 대화식 모델을 찾아볼 것이다.

대화식 예배는 예수님께 얼마나 중요했는가?

핵심 질문: 대화식 예배는 예수님께 얼마나 중요했는가?

---

2. 예수님은 어떻게 예배하셨는지 발견하기

예수님의 대화식 예배를 탐구하기 위해서, 예수님이 야곱의 우물 가에서 사마리아 여자와 대화한 장면으로 돌아가 보자. 제3장에서 우리는 예수님이 성부께 예배한 것을 알았다. 예수님은 예배받으셔야 할 분이 **누구신지**(who) 명확하게 확립하셨다. 그 대화에서 예수님은 또한 다음과 같이 우리가 **어떻게**(how) 예배해야 하는지도 말씀하셨다.

참되게 예배하는 자들은 영과 진리로 예배할 것이라 (요 4:23).

예수님은 핵심을 강조하시기 위해서 동일한 구절을 다시 말씀하셨다.

하나님은 영이시니 예배하는 자가 영과 진리로 예배할지니라 (요 4:24).

> …예배하는 자가 영과 진리로 예배할지니라(요 4:24).

누구에게(whom) 예배하는지와 **어떻게**(how) 예배하는지를 분리시킨다는 것은 불가능하다. 바른 하나님을 잘못된 방식으로 경배해서는 안 된다.

누가 예배를 받으시는가?

성부이시다. 참된 예배는 어떻게 하는 것인가?

영과 진리로 하는 것이다. 여기에서 우리는 예수님의 관점에서 예배하는 것이 무엇을 의미하는지에 대해 정확히 알게 된다. 아버지는 **참된 예배**(true worship)를 드리는(24절) **참된 예배자**(true worshipers)를 찾고 계신다(23절). 참된 예배를 드리는 참된 예배자는 영과 진리로 그렇게 한다. 그 이외의 것은 참된 예배가 아니라, 가짜 예배이다.

1) 영(Spirit)으로 예배하기

영으로 예배하는 것은 우리가 누구인지보다는, 하나님이 누구신지에 대해서 더 많이 말하고 있다(그래도 하나님과 우리는 관련이 있다). 여자에게 "하나님은 영이시니, 예배하는 자가 영과 진리로 예배할지니라"라고 말씀하셨을 때, 예수님은 참된 예배는 하나님과 하나님의 본성으로 시작된다는 사실을 말씀하고 계신 것이었다. **영**(*spirit*)이란 단어는 참된 예배를 가능하게 하시는 하나님의 성령을 의미한다.[1]

예배는 예수님이 하늘로 올라가시면서 제자들에게 보내실 것이라고 말씀하셨던 성령님을 통해서만 이루어진다. 일부 사람들은 24절의 영을 소문자 s로 생각하면서 읽는다. 그렇게 생각하는 것은 참된 예배의 관건이

---

1 Marianne Meye Thompson, "Worshiping in Spirit and in Truth" (Plenary address, Calvin Symposium on Worship, Grand Rapids, January 26, 2018).

예배자(worshiper's)의 영이라는 것을 시사한다. 또한, 만약 올바른 태도만 견지한다면, 자신들이 영으로 예배드린다고 추정하게 된다. 마음의 자세와 마찬가지로 중요한 것은 참된 예배의 출발점이 우리가 아니라, 하나님이라는 사실이다. 우리가 하나님의 형상으로 만들어졌기 때문에, 우리의 다차원적인 존재 중의 한 특징이 영(소문자 spirit)이라는 것은 사실이다.

우리의 본래 영이 거듭날 때(요 3:7), 우리는 예배를 드릴 목적으로 하나님과의 교제에 참여한다. 예수님은 캐묻는 바리새인 니고데모에게, "무엇이든지 영으로 난 것은 영이니"(요 3:6b)라고 말씀하셨다. 참된 예배는 하나님의 영(God's Spirit)과 우리 영(spirit)의 교차점이다. 하지만, 하나님은 **영이시라**(as)는 사실을 강조하는 것이 영으로(in) 예배하는 것의 핵심이다.[2]

흔히, 누군가가 예배는 반드시 '진실'(authentic)해야만 한다고 말하는 것을 들을 수 있다. 그것이 무슨 뜻이냐고 물으면, 그들은 보통 예배에 헌신하면서 마음이 올바르다면, 그리고 그저 하나님께 초점을 맞춘다면 예배가 진실하다고 설명한다. 그러나 진실이 어떻게 예배 받으시는 분보다, 예배자에 의해서 규정되는지를 주목하라. 하나님의 역사와 임재가 예배를 진실하게 만든다. 우리는 당연히 바른 마음으로 참여해야 한다. 하나님께서 부적절한 태도에 대해서 경고하시기 때문이다. 그러나 우리의 태도는 예배가 진실인지의 여부에 대한 측정 기준이 아니다. 대신에, 예배에서 하나님의 비교될 수 없는 사랑과 자신을 주심이 진실한 예배의 정의가 된다.

> 참된 예배는 우리가 이루거나 만드는 것이 아니다. 참된 예배의 참되다는 것은, 그분 자신이 참되신 예수님과, 예수님을 증언하시는 진리의 영(Spirit

---

2   Thompson, "Worshiping in Spirit and in Truth."

of Truth)과 관련이 있기 때문이다.³

2) 진리로 예배하기

진리로 예배하는 것은 성경에서 우리에게 주어진 대로 하나님의 전체 계시를 받아들이는 것이지만, 특히 "하나님의 영광의 광채시요 그 본체의 형상"(히 1:3a)이신 예수님 안에서 보이신 대로 받아들이는 것이다. 궁극적으로, 진리는 성경이 가르치는 분을 말한다. 예수님은 여자에게 메시아로서의 정체성을 드러내셨다. 이것은 진리로 예배하는 데에 절대적으로 중요하다. 요한복음서에서는 이후에, 예수님이 다음과 같은 대담한 주장을 하신다.

> 내가 곧 길이요 진리요 생명이라 (요 14:6a).

진리로 예배한다는 것은 우리의 예배활동이 성자(계시 [Revelation])를 지향하도록 하나님의 이야기(계시 [revelation])의 한 가운데에 서 있는 것이다.

> 진리로 예배하는 것은 우리의 예배활동이 성자(계시 [Revelation])를 지향하도록 하나님의 이야기(계시 [revelation])의 한 가운데에 서 있는 것이다.

진리로 예배하는 것은 예배에 대한 성경적인 관점을 이해함으로써 지적으로 하나님의 계시를 받아들이는 것을 포함할 뿐만 아니라, 온 몸과 마음으로 활발히 예배에 참여하는 것이다. 다시 말하자면, 우리가 우리

---

3   Thompson, "Worshiping in Spirit and in Truth."

몸을 하나님이 기뻐하시는 거룩한 산 제물로 드리는 방식으로 마음을 새롭게 할 수 있도록 하나님을 아는 지식에 따라 온전히 사는 것이다(NRSV 롬 12:1-2를 보라).

3) 영과 진리는 결합되어 있다

영과 진리는 전체의 두 부분이 아니라, 두 차원 모두를 언급하기 위한 전치사 ~으로(in)의 사용에서 보여 주듯이(in truth and spirit) 분리될 수 없다. 일부 성경 번역은 "영으로 예배하다"(worship in spirit)와 "진리로 예배하다"(in truth)라고 전치사 in을 두 번 사용하고 있지만, 그래도 원어에서는 영과 진리가 유기적으로 결합되어 있는 것을 의미하면서 전치사를 한 번만 사용한다. 진리 없이 영으로만 예배할 수 없고, 영이 없이 진리로만 예배할 수 없다.[4] 이 둘은 영적 예배의 온전함을 나타내는 상호 의존적인 원동력이다. 예수 그리스도에 의해서 계시된 진리로 예배하지 않고는 성령으로 예배하는 것이 불가능하고, 그 반대의 경우도 마찬가지이다.

예수 그리스도의 제자들에게 이것은 무엇을 의미하는가?

예수님은 참된 예배자는 영으로 아버지께 예배하고(그들은 성령님에 의해서 예배할 수 있는 권능을 받았다), 그리고 그런 예배자들은 진리로 예배해야 한다고 가르치셨다.(그들의 예배는 성경에 나타난 하나님의 계시된 뜻에 일치한다). 더욱이, 영과 진리는 목적과 행동에 있어서 하나이다.

그러나 이것이 대체 대화식 예배와 무슨 관계가 있는가?

---

[4] Gerald L. Borchert, *The New American Commentary: An Exegetical and Theological Exposition of Holy Scripture* (New International Version), vol. 25A (Nashville: Broadman and Holman, 1996), 208.

4) 영과 진리는 대화식이다

영과 진리로 예배하는 것은 본질상 상호적인 대화 관계를 대변한다. 예배에서 일어나는 2부 리듬이 있다. 그것을 파트너 간의 춤으로 생각할 수 있다. 경험 많은 댄스 파트너들은 자신들이 어떤 스텝을 밟고 있는지 그리 많이 생각하지 않는다. 그저 서로의 리드에 반응하면 춤이 되는 것이다. 춤은 관계적이고, 또한 대화적이다. 영과 진리로 예배하는 것은 관계적이고 또한 대화적이다. 하나는 다른 하나에 의존한다.

우리는 이러한 이중의 원동력을 예배자 예수님에게서 종종 볼 수 있다. 예수님은 제4장에서 보았던 것처럼 예배의 중재자로서의 주된 역할을 하시면서 대화식 예배에 참여하셨다. 성육신하신 그리스도는 하나님과 사람 사이의 대화를 이끄신다. 사실상, 그분이 대화의 중심이시다. 그분은 **"내가 주의 이름을 내 형제들에게 선포하고 내가 주를 교회 중에서 찬송하리라"**(히 2:12)고 말씀하셨다. 예수님은 하나님의 이름을 사람들에게 선포함으로써 하나님을 대변하시고, 하나님께 올려드리는 찬송을 이끄심으로써 사람들을 대변하신다. 이 역할은 수직적으로, 동시에 수평적으로 관계적이고, 대화식으로 수행된다.

예수님은 또한 기도를 통해서도 대화식 예배에 참여하셨다. 예수님의 기도의 삶은 그야말로 매일의 사역 가운데 대화였다. 그렇다. 그것은 제자들의 삶에서 실시간으로 계시된 진리에 대한 성령 안에서의 자연스러운 반응이었다. 때로는 인간의 대화와 하나님의 대화가 어디서 시작되고 끝나는지 알기 어려웠다.

누가복음 10:1-24에서 멋진 예를 볼 수 있다. 예수님은 하나님의 나라가 온다는 소식을 알리라고 일흔 두 명의 제자들을 보내셨다. 그들이 기뻐하면서 주님께 돌아와 사명이 성공한 것을 보고하였다. 그들이 보고를 마치자, "그때에, 예수께서 성령으로 기뻐하시며 '천지의 주재이신 아버지여 찬양하나이다. 이는 당신이 이것을 지혜롭고 슬기 있는 자들에게는 숨기시고 어린 아이들에게는 나타내심이나이다. 옳소이다, 이렇게 된 것이 아버지의 뜻이니이다'"(눅 10:21). 성령님의 감동으로 예수님이 예배하시는 순간은 (아버지께 찬양을 드림) 그분이 방금 들었던 복음의 진리로부터 유기적으로 흘러나왔다. 놀랍게도 기도를 끝내자마자 예수님은 진리를 전해주기 위해 즉각 제자들에게 돌아가셨다.

> 제자들을 돌아보시며 조용히 이르시되, '너희가 보는 것을 보는 눈은 복이 있도다'(10:23).

예수님은 기도 중의 자연스러운 대화의 방식을 통해서 영과 진리로 예배하셨다.

하나님의 계시된 뜻에 따르기 위해(진리를 포용하심) 예수님께서 다른 사람들을 인도하면서 기도하셨던 (성령에 이끌려) 사례들과 같이 영과 진리로의 기도로 하는 대화의 다양한 예들이 있다. 대화식 기도는 예수님의 기도의 삶의 중심에 있었다. 다음과 같은 몇 가지 예들이 대화식 예배를 어떻게 보여 주는지 주목하라.

- 마지막 유월절 만찬에 이어서, 예수님은 미래의 추종자들을 위해서 기도하셨다. "내가 비옵는 것은 그들을 세상에서 데려가시기를 위함이 아니요 다만 악에 빠지지 않게 보전하시기를 위함이니이다 … 그들을 진리로 거룩하게 하옵소서. 아버지의 말씀은 진리니이다"(요 17:15, 17).
- 예수께서 베드로에게 경계하시기를, "보라 사탄이 너희를 밀 까부르듯 하려고 요구하였으나, 그러나 내가 너를 위하여 네 믿음이 떨어지지 않기를 기도하였노니"(눅 22:31-31a).

- 십자가상에서 예수님은 못 박는 자들을 위하여, "아버지 저들을 사하여 주옵소서, 자기들이 하는 것을 알지 못함이니이다"라고 기도하셨다(눅 23:34).
- 예수께서 "큰 소리로 불러 이르시되, 아버지 **내 영혼을 아버지 손에 부탁하나이다**" 하고 이 말씀을 하신 후 숨지시니라(눅 23:46).

이러한 각각의 여러 상황들에서, 예수님은 성령의 능력으로 기도하시고, 또한 동시에 하나님의 영원하신 계획의 진리를 확언하시면서 예배하셨다. 성령님은 예수님께서 하나님의 계시라는 진리에 서시도록 도왔고, 대신에, 진리는 성령님이 이끄시는 기도를 확증하였다. 마찬가지로 우리 예배의 삶도 영과 진리의 결합을 대표해야만 한다.

3. 오늘날 예수님이 어떻게 예배하실지 숙고하기

1) 대화식 예배: 계시와 응답

영과 진리로 예배하는 것은 "계시와 응답"으로 언급된 예배의 주요 원동력의 기초이다.

예배 공동체가 하나님 앞에 모일 때면 서로의 대화는 자연스럽게 대화식으로 펼쳐진다. 보통 하나님은 말씀하시고 모인 공동체의 말을 들으신다. 우리도 말하고 하나님의 말씀을 듣는다. 이런 상호작용의 리듬은 영과 진리로 예배하시는 예수님의 유형을 닮았다. 그것은 성경에 자주 나오

는 하나님과 사람 사이 대화의 규범적 흐름이기도 하다.

계시와 응답은 예배에서 대단히 중요한 흐름이다. 그것은 예배의 큰 틀, 즉 예배의 전체적인 형태에서 일어난다. 역사적으로 예배에는 네 개의 확장된 움직임들이 있었다. 교회는 하나님의 존전에 모이는 시간으로 얼마를 보냈고, 성경을 봉독하고 설교를 들었으며, 주로 주의 식탁을 기념하면서 말씀에 응답했고, 그런 다음 하나님 나라의 권능을 받은 시민으로서 복음대로 살기 위해 파송되었다. 낭독되고 설교된 말씀(계시) 뒤에 주의 식탁이 이어지는 것[5](응답)은 곧 대화의 핵심을 형성했다.

동시에 마치 예수님의 기도처럼(앞에서 보았던 대로), 계시와 응답은 처음부터 끝까지 지속적인 내적 대화로 자연스럽게 대화를 진행하면서 예배 전반에 걸쳐 발생한다. 하나의 예배 요소는 다음 요소로 이어져 대화식 예배를 가능하게 한다. 다양한 예배 요소들의 기능을 인식하는 것은 예배에 더 잘 참여하는 데 많은 도움이 될 수 있다.

(1) 계시(진리로 드리는 예배)

계시(Revelation)는 대화의 일부로서 하나님과 사람들 양쪽 모두에 의해 선포되는 계시된 진리를 말한다. 하나님의 이야기에서 선언문들을 찾아보라. 여기에 계시를 위한 일반적인 통로로 사용되는 일부 예배 요소들이 있다(주의: 다음 몇 페이지에 나오는 예배 요소들은 여러분에게 익숙할 수도, 아닐 수도 있다. 그러나 그것들은 많은 교회에서 사용하고 있는 광범위한 가능성을 대표한다).

---

[5] 16세기 종교개혁 후에, 많은 개신교들은 매주 성찬을 기념하는 것을 중단했다(그리고 여전히 하지 않는다). 하지만, 일부 신중하게 계획된 말씀에 대한 응답은 성경적인 예배에 늘 필요하다.

(2) 계시 지향적인 예배 요소

성경낭독	설교/교육을 위한 근거로서 많은 구절들 낭독하기.
설교	하나님의 말씀 선포와 청중들이 하나님의 방식으로 살도록 도전하기
노래들	하나님의 이야기에 대한 선포 부분들
성례전(Sacraments)/ 조례들(Ordinances)	성찬식과 세례에서 하나님의 행동에 집중하는 단어들을 사용하기
기도	기도 안에서 하나님의 이야기에 관한 성경적 부분들을 통합시키기 (예: 시편 기도하기)
침묵	하나님께서 말씀하시는 것을 듣기
음악 소개	하나님의 이야기의 부분들을 선포하는 준비된 음악을 준비하여 공동체에 소개하기
파송	하나님의 능력과 평강을 선포하는 권능의 끝맺는 말씀들

(3) 응답(영으로 드리는 예배)

응답(response)은 계시된 것에 대한 하나님 백성의 대답이다. 그것은 준비될 수도 있고, 또는 즉흥적일 수도 있고, 둘 다일 수도 있다. 예배의 응답 요소들은 공동체에게 우리가 하나님의 말씀을 들었고, 계시된 하나님의 뜻을 순종하기로 작정했다는 것을 인정함으로써 하나님께 대답하는 방법들을 제공해준다. 다시 말하면 공동체의 '대답하기'는 영으로 드리는 예배에 대한 우리의 응답이다. 여기에 하나님께 응답하는 일반적인 통로인 예배 요소들이 있다(예배 요소들이 다른 목적을 담당하기 때문에 일부 요소들이 겹친다는 것을 알아챌 것이다).

① 응답 지향적인 예배 요소들

성경 낭독	기쁨, 신념, 항복, 순종할 의지를 표현하기와 같은 응답의 기초가 되는 많은 구절 낭독하기
노래들	하나님의 이야기에 응답하기
성례전/ 조례들	하나님의 행동에 대한 응답인 성찬식과 세례에서 사용하는 말들
기도들	찬양, 고백, 순종에 대한 서약 등등을 표현하기
음악 소개	공동체가 하나님께 응답하는 것을 고무시키기 위해서 준비된 음악을 소개하기

신조/신앙의 확증	기독교 신앙에 대한 담대한 진술 선포하기(예: "예수님은 주님이시다", 혹은 사도신경)
십일조/헌금하기	하나님 나라의 목적을 위해서 우리 수입의 한 부분을 하나님께 드림.
육체적인 자세들	무릎 꿇기, 절하기, 엎드리기, 일어서기, 손을 올림 등등

② 수평적 대화

계시와 응답은 예배의 수직적 방향으로만 제한되지 않는다. 동료 제자들도 서로 대화하면서 특별히 자신들의 역할인 환대, 교화, 격려를 담당한다. 여기에는 특별히 수평적 흐름에 따른 아주 적절한 일부 예배 요소들이 있다.

③ 수평적 방향의 예배 요소

인사/환영	예배자 모두를 환대하기 위해 말과 제스처 사용하기
평화의 전달	우리가 예수님의 평강을 공유한다는 사실 확증하기, 그럼으로써 화목과 하나 됨을 표현하기(예: "예수님의 평강이 여러분과 함께", 그리고 응답, "그리고 여러분에게도")
노래들	다른 예배자들 격려하기.
중보기도들	다른 이들을 대신하여 기도하기(예: 치유, 위로, 수감자들, 박해받는 그리스도인들, 공직에 있는 사람들, 전쟁 중인 나라들 등등을 위한 기도들)
청원들	자신과 동료 신자들을 대신해서 기도하기(예: 지역 교회의 목사들, 교역자들, 봉사활동 계획들)
주기도문	세계적인 기도에 예수님의 제자들을 연결하기.
간증들	우리의 삶에서 일하면서 하나님을 어떻게 경험했는지에 관해 동료 예배자들에게 증언하기
훈계	믿음, 신뢰, 그리고 순종에서 자라도록 신자들을 격려하기.
세족식	기독교의 사랑의 가장 겸손한 상징적인 행동으로서 다른 사람들을 섬기기 위해서 몸 굽히기.
기름 바르기	모든 형태의 깨어짐의 치유를 위한 기도를 할 때, 치유와 평강의 성경적 상징 사용하기
축복	평화, 약속, 그리고 보증의 말들로 서로 축복하기

지금까지 계시/응답의 유형이 수직적인 움직임과 수평적인 움직임 모두를 포함하는 공동 예배를 위한 대화식의 모델을 대표한다는 사실을 살펴보았다.

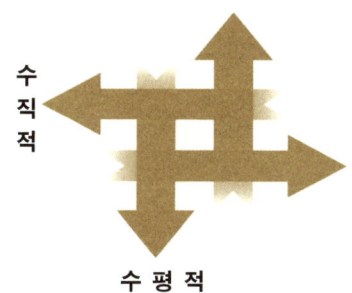

대화의 흐름은 정해져 있지 않다. 친구와 이야기하는 것과 마찬가지로 당사자 사이에서 이 흐름은 자유롭게 움직인다. 그렇긴 하지만 예배 대화가 올바른 장소에서 시작되는 것은 매우 중요하다. 성경적 예배는 응답이 아니라, 계시로 시작된다. 왜냐하면, 하나님은 관계를 주도하시는 하나님이시기 때문이다.

성경에 나오는 하나님과 인간 사이의 많은 대화를 주의 깊게 살펴보면, 하나님께서 사람들을 향하여 먼저 움직이신 것을 알 수 있다. 하나님이 부르시고, 하나님이 오시며, 하나님이 말씀하시고 하나님이 **먼저**(first) 다가오신다. 예배자는 은혜로운 하나님의 주도권에 응답하는 것이다. 그래서 예배는 종종 하나님 중심의 예배로의 부르심이나, 공동체에 다가가시는 하나님의 역할을 확립시키는 인사, 또는 기도로 시작된다. 또한, 우리 예배는 우리가 경배하는 하나님을 반영해야만 한다. 만약 인간의 응답으로 시작한다면 두 가지 문제가 생긴다.

첫째, 예배가 하나님보다 우리에게 초점을 맞추게 된다.

둘째, 우리가 응답하는 분이 확립되지 않게 된다. 둘 다 좋은 시작점이 아니다. 하나님이 계시와 응답으로 전개하는 대화를 시작하셔야 한다.

2) 현재의 도전들

때때로 계시와 응답이라는 유형은 대화식 예배의 본질에 도전하면서, 무심결에 가려지게 된다.

첫 번째는 자기중심적인 예배이다. 그런 예배는 우리로 시작하고, 우리로 끝난다. 몇 년 전에 조나단(Jonathan)으로부터 전화 한 통을 받았다. 그는 여러 장소에서 예배가 이루어지는 대형교회의 예배 목사였다. 그는 다양한 곳의 젊은 예배 인도자들이 성숙한 리더십을 갖는 것을 돕기 위해서 그들에게 훈련을 제공하려고 했다. 그는 그들이 배우고 있던 몇 가지 일에 대해서 대화를 나누도록 나와 그들 사이에 전화 회의를 주선하였다.

대화를 하는 중에 그들의 성장 영역 중의 하나가 하나님께서 예배를 시작하신다는 사실의 발견이라는 것을 알게 되었다. 그들은 솔직하게, "최근까지 우리는 하나님께서 예배를 시작하신다는 사실에 대해 생각해 본 적이 없었습니다."라고 말했다. 그 새로운 통찰력이 그들이 현재 예배를 인도하는 방식에 얼마나 영향을 미쳤는지 물었을 때, 그들은, "우리는 모든 예배를 우리에 대한 관점으로 시작했습니다. 이제 우리는 예배로 부르시는 하나님의 초대에 응하기 위해서 우리가 그곳에 있다는 사실을 분명히 이해합니다. 예배의 분위기가 달라졌습니다. 무게 중심이 우리에서 하나님께로 옮겨졌습니다. 모든 것이 달라졌습니다!"라고 대답했다.

두 번째는 계시와 응답 사이의 불균형이다. 일부 교회는 너무나 정보 중심의 설교(계시)에 치우쳐 있다. 설교는 말씀에 대한 응답에 거의 주의를 기울이지 않고도 예배를 지배할 수 있다. 다른 교회들은 특히 응답 지향적인 찬양시간을 확대함으로써, 긴 시간 동안 표현이 풍부한 예배를 강조한다. 설교가 중요할지 모르지만, 찬양은 '예배'라고 불리며 우선순위가 된다. 가끔 찬양이 지배할 때, 설교는 짧아지거나, 심지어 완전히 제거

되기도 한다. 어떤 경우이든, 대화식 예배가 줄어든다.

세 번째는 대화가 전적으로 말에만 의존하는 것이 아니라는 사실을 이해하는 것이다. 친구와 가족과의 대화에서 비언어적 의사소통이 얼마나 많이 일어나는지 생각해 보라. 순수 예술, 시각 예술, 움직임 예술, 상징과 색의 사용 등, 예술은 대화식 예배에서 중요한 역할을 한다. 우리는 너무나 자주, 대화를 이끌기 위해서 거의 전적으로 음악 예술, 혹은 구어 예술 형식에 의존해 왔다. 그러나 심오한 일들은 말 한 마디 하지 않고도 전달될 수 있다. 우리는 비언어적 의사소통 형식이 계시와 응답에 얼마나 강력하게 기여할 수 있는지를 과소평가해서는 안 된다.

3) 예수님은 어떻게 예배하실까?(HWJW)

예수님이 오늘날 우리 가운데 계신다면 어떻게 예배하실까?

그분은 영과 진리로 드리는 예배를 고무시키기 위해서 온전히 대화식 예배를 드릴 것이다. 예수님은 하나님과 다른 이들을 연결하는 방도로서 대화를 기반으로 한 관계적 예배를 추구하실 것이다.

여러분은 부르심, 즉 예수님의 부르심을 듣는가?

"와서 나를 따르라 … 하나님을 영과 진리로 예배하면서."

> HWJW? 그분은 영과 진리로 드리는 예배를 고무시키기 위해서 온전히 대화식 예배를 드릴 것이다.

4. 나는 어떻게 예배할 것인가 결단하기

1) 성찰

우리 예배의 롤 모델이신 예수님을 살펴본 후, 이제는 우리의 주님이신 스승(Master Teacher)께서 제자들에게 어떠한 조정을 요구하실지 결정할 때이다. 우선 이런 질문들을 숙고해 보라.

- 여러분의 인생에서 함께 대화하기에 가장 편안한 사람은 누구인가?
- 효과적인 예배를 드리기 위해서 여러분이 가장 중시하는 것은 무엇인가?
  바른 영을 가지는 것(마음의 상태), 혹은 성령님?
  그 이유를 설명하라.
- 예배의 한 면인 계시, 혹은 응답을 더 중요하게 여겼던 경험이 있는가?
  그렇다면 왜 그랬는가?
- 일상생활 중 대화식 기도에서, 사람들에게 말하고 하나님께 말하면서 왔다 갔다 하며 자유롭게 움직이는가?
- 본 장에서 세 가지 독립된 예배 요소의 목록을 살펴보고, 여러분에게 낯설게 보이는 한 가지를 찾아보라.
  그것이 대화식 예배에 어떻게 도움이 될까?

2) 상상하라

이제 다음 주일이다. 예배를 위한 준비를 하면서, 자신이 사마리아 여자와 예수님과 함께 야곱의 우물 가에 앉아 있는 모습을 상상해 보라.

> 참되게 예배하는 자들은 영과 진리로 예배할 때가 오나니 곧 이 때라 아버지께서는 자기에게 이렇게 예배하는 자들을 찾으시느니라(요 4:23).

여러분은 갑자기 예수님께서 말씀하신 참된 예배자가 되고 싶은 열망이 마음으로부터 우러나오는 것을 알게 된다. 오랜만에 처음으로 예배의 어떤 외양에 몰두하고 싶어지지 않는다. 대신에, 여러분의 기도는 진정한 (참) 예배에 초점을 맞춘다.

3) 행동

하나님의 도우심으로 나는 _____ 함으로써 _____ 할 것을 결단한다.

4) 기도

나의 주님(Master)이신 예수님,
당신의 추종자로서, 저는 하나님이 찾으시는 예배자인 참 예배자가 되는 것이 의미하는 바를 이해하기를 갈망합니다.
영과 진리로 예배할 수 있도록 저를 인도해 주실 성령님을 보내 주시옵소서.
하나님, 당신께서 우리에게 먼저 다가오시고, 예배의 대화로 불러주시는 삼위로 계신 관계적 하나님이신 것에 감사드립니다.
우리 모두가 당신의 영광의 찬송을 위하여 기쁜 예배로 응답할 수 있도록 도와주시옵소서. 아멘.

제7장

예배에 참여하는 제자

핵심 질문: 예수님은 예배자로서 어떤 특성들을 보여 주셨는가?

여러분 모두 인생의 어떤 시점에서 구직을 했을 것이다. 구직을 할 때는 지원서가 필요하다. 그리고 서면 지원서 다음은 대면 인터뷰였을 것이다. 또 고용주가 찾는 바로 그 자격들을 가지고 있다는 것을 입증해 줄 증명서의 목록을 제출해야만 했을 것이다. 혹은 '지원서'는 직무교육에 대한 약속과 더불어 그 직무가 수반하는 내용에 대한 비공식적인 구두 설명에 가까울 수도 있다. 만약 구직자가 시도해 볼 의향이 있다면, 그저 악수만으로 고용되기도 한다. 어떤 방식이든, 모든 구인은 그 자리에 필요한 일정한 자격들을 제시한다.

나도 이전에 구직을 했었는데, 당시 잠재적인 고용주는 인터뷰의 국면을 바꾸었다. 나는 "어떤 자질이 훌륭한 직원을 만드는가?"라는 질문을 받았고, 그 질문에 허를 찔렸다.

어떤 자질이 훌륭한 직원을 **만드는가**(does make)?

그의 앞에 놓인 지원서에는 내가 가진 자질들이 명확히 기재되었지만, 그는 내 기량과 경험뿐만이 아니라, 나의 특성과 태도에도 흥미가 있었던 것이다.

그 직업을 위해 갖추어야 할 나의 개인적인 자질은 무엇일까?

제7장 예배에 참여하는 제자

> 본 장을 읽기 전에, 시간을 내어 여러분이 생각하기에 좋은 예배자가
> 될 수 있는 자질들의 목록을 만들어 보라.
> 나중에 참조할 수 있도록 이것을 보관하라.

본장은 예배에 참여하는 개인에 관한 것이고, 다음 장은 예배에 참여하는 공동체에 관해서 토론할 것이다.

1. 지금 우리가 어떻게 예배하고 있는지 묘사하기

1) 무엇이 좋은 예배자를 만드는가?

목록을 만들기 전에, 어떻게 하면 좋은 예배자가 될 수 있을까 생각해 본 적이 있는가?

우리는 대체로 예배에서 얻고자 하는 것을 생각한다.

그러나 예배자로서 예배에 무엇을 드릴 계획인가?

그래서 나는 하나님께서는 예배자들에게 어떤 기대를 하고 계실까?가 궁금해진다. 어떤 덕목이 도움이 될까? 있는 그대로 예배를 드리러 갈 수 있다는 것이 오늘날의 풍조이다. 그렇지만 그것은 부분적으로만 사실이다. 하나님은, 우리가 영적 여정의 어느 지점에 있는가를 이해하신다. 그러나 하나님께서는 우리가 예배를 위해 자신을 드리는 모든 방식을 기뻐하신다는 것은 사실이 아니다.

신구약 모두는 예배를 바르게 준비할 필요성을 강조한다. 이스라엘 백성은 성막과 성전의 시대에 들어가기 전, 특정 정결 의식을 요구받았다(시 24:3-5). 바울은 신약 신자들에게 주의 식탁에 참여하기 전에 분열을 해결함으로써 예배를 위해 자신을 준비하는 방법에 대해 말했다(고전 11-14

장을 보라). 그리고 야고보는 초대 그리스도인들에게 예배 전에 부자와 가난한 사람들을 차별하지 말라고 충고했다(약 2:1-13). 실제로 성경에는 하나님의 백성이 예배에 오는 방식에 대해 주의하도록 요구하는 많은 훈계가 있다.

예배는 우리가 받고, 또 드리는 행위이다. 기독교 예배는 올바른 영으로 적극적으로 참여하는 사람들에게 아주 많은 것을 약속한다. 우리가 공동 예배에서 받는 것을 숙고해 보라.

- 삼위일체 하나님과의 친교
- 다른 신자들과의 영적 교제
- 우리의 기독교 신앙 격려
- 죄의 용서
- 성경으로부터의 조명
- 거룩한 삶을 살기 위해 주의 만찬에서의 자양분을 얻음
- 사명을 행하기 위해 성령님으로부터 권능을 부여받음
- 영적인 변화(개인적이고 또한 공동체적인)

하나님은 그분의 백성에게 예배라는 선물을 주신다. 얼마나 멋진 선물인가!

그렇지만 다른 것들과 마찬가지로, 우리가 예배로부터 얻는 것은 우리가 예배에서 행하는 것에 주로 의존한다. 하나님께서 국면을 바꾸셨다는 사실을 잠깐 상상해 보라, 하나님은 여러분에게 예배로부터 얻고 싶은 것이 무엇인지 물어보지 않으시고, 올바른 태도와 합당한 참여로써 예배에 다가가기 위해서 기꺼이 발전시키고자 하는 자질들이 무엇인지 물으시면서 여러분(you)을 인터뷰하신다. 어떤 자질들이 신실한 예배자를 만드는지를 알기 위해서는 우리의 예배 멘토이신 예수님을 바라보며, 예배자로

서 그분의 태도와 참여를 살펴보는 것이 가장 좋다.

예배자로서 예수님은 어떠한 자질을 드러내셨는가?

> **핵심 질문: 예배자로서 예수님은 어떠한 자질을 드러내셨는가?**

2. 예수님은 어떻게 예배하셨는지 발견하기

복음서들은 주목해야 할 예배자로서 예수님을 묘사한다.

당연하다!

그분은 신성한 분이셨다. 예수님이 나타내신 자질들은 참된 믿음과 올바른 수단이라는 두 가지 범주로 분류할 수 있다.

1) 참된 믿음

신실한 예배자로서 예수님의 자질들은 그분 자신의 개인적인 신앙으로 시작한다. 그렇다, 예수님은 깊은 개인적인 신앙, 즉 부모로부터 물려받았던 신앙과 그분에게 깊숙이 스며든 더 큰 유대 전통이라는 신앙을 소유하셨다. 동시에 그분의 신앙은 어른이 되면서 명확하게 그분 자신의 것이 되었다. 예수님이 예배하신 모든 경우는 하나님을 믿는 자로서, 그리고 신앙 공동체의 일원으로서 그분의 정체성에 뿌리를 두고 있다.

예수님은 유아기부터 하나님의 가정의 일원으로 인정받았다. 누가는 예수님의 탄생을 유대 공동체의 합법적인 요구의 맥락에서 보았다. 출생 8일째 되는 날, 예수님은 할례를 받으시고, 이전에 천사가 마리아에게 주셨던 예수라는 이름(눅 2:21)을 받으셨다. 할례는 예수님을 공식적으로 신앙의 가족 안에 들어가도록 했다. 이 사건 다음에 요셉과 마리아는 마리아의 정결의식을 수행하기 위해서 예수님을 성전으로 데리고 갔다. 그곳에서 그들은 모세의 율법에 따라[1], 자신들의 맏아들을 주의 거룩한 자가 되도록 주께 드리고, 합당한 동물을 제사로 드렸다(눅 2:22-24). 누가는 요셉과 마리아를 율법의 모든 요구를 수행하는데 전념하는 매우 경건한 예배자로 제시한다(눅 2:39). 이것을 마친 뒤에야 그들은 베들레헴을 떠나서 나사렛의 집으로 돌아갔다.

시간이 지남에 따라, 예수님은 자신의 믿음에 대해 관심이 높아지는 것을 보여 주셨다. 가족이 유월절을 맞아 매년 예루살렘으로 가는 여행 기간 중에 성전에서 있었던 예수님의 모험 이야기에서 고전적인 예를 볼 수 있다(눅 2:41-52를 보라). 어느 해에 소년 예수는 자신의 신앙을 새로운 단계로 끌어 올릴 수 있는 기회를 최대한 활용하였다. 수일 동인 그분은 랍비들의 교육이 있었던 성전 내에서 신앙 교사들 사이에 앉아 계셨다. 그곳에서 예수님은 그들의 가르침을 듣고 그들에게 질문을 했다. 이에 랍비들은 학생이 대답하도록 반론을 제기할 것이다. 신앙 교육을 위한 이러한 방법론은 유대 문화에서 아주 일반적이었고, 누가의 다음과 같은 기록을 설명하는 데 도움을 준다.

> 듣는 자가 다 그 지혜와 대답을 놀랍게 여기더라(눅 2:47).

우리는 성전에 계시는 것이 예수님께 얼마나 중요했었는지 알고 있다. 동행들이 예루살렘을 떠난 후에도 예수님이 뒤에 남아 있었던 것에 대해 부모가 꾸짖었을 때, 예수께서는 놀라서, "어찌하여 나를 찾으셨나이까?

---

[1] 출 13:2와 레 12:8을 보라.

내가 내 아버지 집에 있어야 될 줄을 알지 못하셨나이까?" 라고 대답하셨다(눅 2:49).

예수님의 신앙 성장에 관한 본 장은 우리에게 그분의 성장하는 개인적인 믿음을 들여다 볼 수 있는 창을 제공한다. 예수님은 영적 이해를 갈망하였고, 하나님의 집에 있어야 할 필요성을 발견했다. 누가는 성숙해가는 예배자 예수님에게서 발견된 자질들을 "예수는 지혜와 키가 자라가며 하나님과 사람에게 더욱 사랑스러워 가시더라"라고 확증한다(눅 2:40).

예수님이 자신의 예배의 삶에 가져오신 첫 자질은 개인적인 신앙이었다. 어른이 되어서도 예수님의 신앙은 기도, 금식, 묵상, 그리고 혼자 계심 등과 같은 영적 훈련을 통해서 계속해서 자라갔다. 하나님과의 관계는 참된 예배를 위한 전제 조건이었다.

2) 올바른 수단

예배자로서 성인의 삶 내내, 예수님은 자신의 고대 신앙 전통의 정수를 구현하셨다. 예수님의 유대인 신앙의 핵심은 **쉐마**(Shema)[2]라고 알려진 유대교의 간결한 요약에서 찾아볼 수 있다. 쉐마란 하나님이 약속하신 땅을 유업으로 받기 직전에 모세에 의해서 이스라엘 백성에게 주어졌던 신조 선언문이다.

> 이스라엘아 들으라. 우리 하나님 여호와는 오직 유일한 여호와이시니, 너는 마음을 다하고 뜻을 다하고 힘을 다하여 네 하나님 여호와를 사랑하라(신 6:4-5 NRSV).

---

[2] **쉐마**(shema)라는 단어는 히브리어로 된 신명기 6:4의 첫 단어에서 따온 것으로 "들으라"를 의미한다.

첫 번째는 다음과 같이 신앙 선언문이다. 우리 하나님 여호와는 오직 유일한 여호와이시다. 다음과 같은 적절한 의지들이 이를 뒤따른다. 따라서 우리는 마음을 다하고, 뜻을 다하고, 힘을 다하여, 우리 하나님을 사랑해야만 한다. 이것은 성경 전체에서 발견되는 관계적 신앙을 너무나 잘 나타내주는 계시/응답의 훌륭한 예이다.

예수님은 공개적으로 대 계명(Great Commandment)[3]이라고 말씀하시면서 이 신앙 선언문을 천명하셨다. 더욱 중요한 것은 예수님이 예배에서 하나님에 대한 자신의 사랑을 그분의 마음을 다하고, 목숨을 다하고, 뜻을 다하고, 힘을 다하는 것으로 표현하셨다는 사실이다(막 12:30).[4] 이 네 단어들을 하나님을 사랑하는 별도의 방식으로 생각하고 싶을 수도 있겠지만, 그것은 고대 히브리인들의 견해를 잘못 이해하는 것이다. 히브리어에서 그 단어들은 훨씬 통합된 감성을 지니고 있기 때문에, 그것들을 분리시킬 수 없다. 그 용어들은 어느 정도 호환될 수 있다. 각각은 가장 좋은 점이 있지만, 또한 각각은 다른 차원들의 일부, 혹은 모든 것에 적용된다.

하나님을 사랑하는 이러한 각각의 방식은 한 영역을 대표하지만, 그들 중의 아무것도 다른 것과 따로 행동하지 않는다. 한 영역에서 작용하는 것은 동시에 그들 모두에서 작용하는 것이다. 그것은 농구를 하는 것과 비슷하다. 경기의 어떤 지점에서, 선수는 공을 드리블하거나, 발놀림, 혹은 불록 샷, 혹은 공을 패스하는데 집중할 수 있다. 비록 한 동작이 강조될 수 있지만, 그래도 모든 기술이 동시에 서로 협동해서 작용한다.

만약 하나님을 예배하기 위한 별도의 방도로 이런 측면들을 생각한다면, 주요 핵심을 놓치게 될 것이다. 그들은 어떤 것에는 관여할 수 있지만,

---

3 첫째 되는 계명은 또한 네 이웃을 내 몸과 같이 사랑하라는 것도 포함한다(막 12:29-31). 31절에서 보는 것과 같이 이 둘은 사실상 한 계명이다.
4 예수님은 쉐마의 구절에 "mind"를 덧붙이신다.

다른 것에는 관여할 수 없는 그러한 하나의 목록만을 형성하지는 않는다. **이 모든 차원은 함께**(All of these dimensions together) 드리는 예배를 위해서 필요한 것으로 성경이 의도하는 바이다. 우리의 마음을 다하고, 목숨을 다하고, 뜻을 다하고, 힘을 다하여 하나님을 사랑하라는 계명에 대한 고대의 이해는 우리의 전 존재, 즉 우리가 존재하는 모든 것, 우리가 가진 모든 것으로 하나님을 사랑하라는 것이다. (두 번째 부분에 있는)의지의 하나 됨이 하나님의 유일하심(Oneness[쉐마의 첫 번째 구절])의 뒤를 따른다.

더욱이, 복음서에서 예수님의 예배하시는 모습을 엿볼 수 있는데, 그것은 구체적인 방식으로 하나님을 사랑하는 것을 강조하는 것으로 보인다. 이제 이러한 보고로 방향을 돌릴 때, 이러한 것들이 큰 그림의 일부에 지나지 않는다는 사실을 염두에 두라. 다시 말하자면, 각각은 단순히 시간의 한 순간의 단면을 보여 주지만, 예수님은 언제나 그분의 전 존재, 그분이 가진 모든 것으로 예배하셨다는 사실이다.

예수님은 마음을 다하여 예배하셨다(Jesus worshiped with all of his heart[효과적인 참여]). 예수님은 예배에서 감정을 표현하셨다. 지금 말하는 예는 다소 놀라울 수 있다. 어느 날 성전에 계실 때. 예수님은 상인들이 제사에 필요한 동물들을 팔고 있는 것을 보셨다. 더욱이, 그들은 사람들을 이용하면서 비윤리적인 이익을 취하려고 그런 짓을 하고 있었던 것으로 추정되었다.

이것이 예수님을 분노하게 하셨고, 예수님은 가까이 있는 밧줄로 채찍질하면서 상인들과 동물들을 성전에서 쫓아내시고, 테이블을 뒤집고, 현금 보관기로부터 동전을 쏟아내시면서 분노를 표출하셨다. 그날 예수님의 생생한 감정들이 표출되었다. 그분의 말씀은 강렬하였다. 예수님은 "기록된바 **내 집은 기도하는 집이라** 일컬음을 받으리라 하였거늘, 너희는 강도의 소굴을 만드는도다" 하시니라(마 21:13). 그분의 격노하심을 주목하고, 제자들은 "**주의 전을 사모하는 열심이 나를 삼키리라**" 한 성경 말씀을 기억하였다(요 2:17; 시 69편 참조).

　다른 경우에서 나사로의 죽음에 대해 공개적으로 기도할 때, 예수님은 다른 사람들이 우는 것을 보시고 심령에 비통히 여기시고, 또한 불쌍히 여기사 눈물을 흘리셨다(요 11:33-36). 예수님은 나사로를 죽음에서 살리기 위해 기도를 시작하시면서 "속으로 비통히 여기셨다"(요 11:38, 41-44). 예수님은 예배에서 감정을 자유롭게 표현하셨다. 그분은 느끼는 것이 인간이 의미하는 바의 일부임을 보여 주셨다.

　예수님은 목숨을 다하여 예배하셨다(*Jesus worshiped with all of his soul*[전인적 참여]). 예수님이 회당과 성전에 신실하게 참여한 것은 예수님이 목숨을 다하여 예배하신 것을 보여 준다. 회당은 전인적 참여, 즉 신앙 신조의 고백, **쉐마**의 낭송, 기도, 성경 낭독, 낭독한 것의 해석, 그리고 자격 있는 참가자가 인도하는 토론을 포함하는 예배 장소이다.[5] 마가복음 1장은 예수님의 회당 참여를 알려진 최초의 사건들 중의 하나로 다룬다. 세례받으신 직후에 예수님은 제자들을 부르시고, 그다음 회당에 가셨다. 안식일에 회당에 가는 것은 예수님의 일상이었다. 예수님은 동일하게 성전 예배에 전념하셨다. 사복음서는 예수님이 예배자들의 전인적 존재가 참여하는 장소인 회당과 성전에서 정기적으로 예배하시는 것에 대해 풍부하게 언급한다.

　예수님은 뜻을 다하여 하나님을 예배하셨다(*Jesus worshiped with all of his mind* [이성적 참여]). 예수님은 온 마음을 다하여 예배를 드렸다. 예수님은 주로 선생으로서 그렇게 하셨다. 복음서에 나오는 이야기 전체에서는 예수님의 가르치는 사역이 대부분을 차지한다. 예수님은 언덕, 가정, 한 장소에서 다른 장소로 걸어가시면서, 배와 같이 예수님이 계셨던 어떤 곳이

5　Francis Foulkes, "*Synagogue*," in *Baker Encyclopedia of the Bible*, ed. Walter A. Elwell, vol. 4, (Grand Rapids: Baker, 1988), 2008.

나 여러 배경들에서 가르치셨다. 무엇보다도, 예수님은 성전에서 매일 가르치셨다(마 26:55; 막 14:49; 눅 22:53 보라). 우리가 본 바와 같이, 예수님은 회당에서 성경 낭독자로서 참여하셨다. 그분은 성경을 낭독하셨을 뿐 아니라, 그에 대한 해설도 하셨다(눅 4:16-21을 보라). 그분은 가르침, 낭독, 예언적 해설, 그리고 훈계라는 다차원적인 사역에 참여하셨다. 그리고 그 모든 것에 예배자로서 그분의 뜻을 바치셨다.

예수님은 그저 지식만 가진 것이 아니었다. 놀라운 미덕과 영적 이해를 보여 주셨다. 예수님이 말씀하시는 것을 들었던 모든 사람은 "그 입으로 나오는 은혜로운 말을 놀랍게 여겼다"(눅 4:22 NRSV). 뜻을 다하여 예배하는 것은 도덕적이며 영적인 이해를 포함한다. 예수님의 관점으로 볼 때, 정보는 형성으로 귀결된다.

예수님은 힘을 다하여 하나님을 예배하셨다(*Jesus worshiped with all of his might* [육체적 참여]). 자신의 모든 힘을 다하여 예배하는 것은 육체적, 경제적, 그리고 사회적 힘과 같은 많은 차원을 포함한다.[6] 예수님은 경제적, 사회적 지위에서 제한을 받으셨다. 그럼에도 그분은 완전한 육체적 포기로써 하나님을 예배하셨다. 그분은 무릎을 꿇고, 절하고, 서고, 만지고, 손을 들고, 얼굴을 하늘로 향하고, 의식적인 축일에 잡수시고, 헌금 등을 행하셨다. 예배는 시각, 청각, 후각, 미각, 그리고 촉감이라는 인간의 모든 감각을 사용하는 것으로 촉각에 많은 관련이 있다.

예수님은 예배에 자신을 너무나 많이 드렸고, 신실한 예배자가 되고자 하는 갈망을 이루시기 위해서 초자연적인 힘을 필요로 했던 경우도 있었다. 하나님이 그것을 제공하셨다. 마귀와의 영적 싸움에서 예수님이 고갈되셨을 때, 하나님께서 그분의 힘을 보충하도록 천사들을 보내시 돕게 하

---

6 Daniel I. Block, *For the Glory of God: Recovering a Biblical Theology of Worship* (Grand Rapids: Baker Academic, 2014), 102.

셨다(마 4:11). 예수님은 자신의 힘을 다하여 주 하나님을 사랑하는 것은 커다란 육체적 전투일 수 있다는 사실을 알고 계셨다. 그래서 지상 사역의 마지막 기도에서 고군분투하실 어느 때에 제자들에게, "마음에는 원이로되 육신이 약하도다"라고 말씀하셨다(마 26:41). 이 경우에도 예수님이 기도하면서 무릎을 꿇고 계시는 동안 하늘의 천사들이 와서 그분께 힘을 더하여 드렸다(눅 22:43).

우리의 몸을 사용하는 것은 성경적 예배에서 중요한 부분을 담당한다. 우리는 절하고, 무릎 꿇고, 서고, 포옹하고, 춤추고, 손을 들고, 머리를 올리고, 박수치고, 소리치는 등 몸을 사용한다. 성경적 예배는 운동일 수 있다. 그렇지만, 우리의 힘을 다해서 예배하는 것은 신체적 활동을 하는 것 이상이다. 하나님께서 활기찬 예배를 위해 성령님을 통해서 제공하시는 불굴의 정신으로 예배하는 것은 특별한 활동을 넘어서는 것이다. 하나님을 예배하는 힘은 하나님께서 주시는 선물이다.

우리는 자신의 능력으로 예배하는 것이 아니다. 다만 하나님께서 신실한 예배자에 필요한 모든 것을 제공하신다. 만약 우리의 힘을 다하여 하나님을 예배하기를 참으로 갈망한다면, 우리는 그렇게 하기 위한 하늘의 도움을 자주 경험할 것이다.

예수님은 하나님을 온전히 사랑하는 것을 보여 주심에 그치지 않고, 제자들에게 예배에 필요한 구체적인 덕목에 대해서도 가르치셨다.

- 겸손함(위선자처럼 사람들에게 보이기 위해 기도하지 말라)
- 자제(기도할 때 중언부언하지 말라)
- 지속성(계속해서 찾고, 구하고, 두드리라)
- 역사적인 신앙에 대한 존중(치유받은 자들에게 모세의 율법에 따라 합당한 제물을 들릴 것을 요구함)
- 올바른 견해(율법의 정신이 율법의 전통을 우선한다)

- 율법주의에 대한 경멸(바리새인들은 극단적인 십일조를 하지만, 사람들을 무시했다)
- 공허한 의식에 대한 저항(사람들에게 보이기 위해 공개적으로 금식하지 말라)
- 경외심(환전자들로부터 성전을 정화시킴)
- 화목(제단에 예물을 드리기 전에 형제자매와 화해하기)
- 자기희생적 예배(자기가 가진 모든 것을 헌금으로 드린 것을 칭찬받은 가난한 과부)
- 열정(하나님의 집에 대한 열정으로 불타오름)
- 영과 진리로 드리는 예배(올바른 수단과 합당한 신앙 둘 다)
- 사랑이 제사에 우선한다(하나님은 제사보다 긍휼을 원하신다)
- 진실성(마음은 하나님으로부터 멀리 있으면서 우리 입술로 하나님을 공경치 아니하기)
- 포괄적인 예배(예배에서 부, 혹은 사회적 지위를 고려하지 말라)
- 환대(예수님은 어린 아이들을 기꺼이 품 안으로 환영하셨다)

만약 올바른 수단이라는 이 목록이 우리가 하나님을 예배하기 위해서 추구하는 자질들의 목록이 된다면 어떨까?

3. 오늘날 예수님은 어떻게 예배하실까 숙고하기

예수님은 참된 신앙과 올바른 수단의 본을 보이심으로써 신실한 예배자가 된다는 것이 의미하는 바를 보여 주셨다.

4. 오늘날 예배에서 참된 신앙

신실한 예배자가 되기 위한 첫 번째 자격은 그녀, 혹은 그가 그리스도 인이어야 한다는 것이다. 예수 그리스도에 대한 개인적인 신앙, 구원을 얻는 신앙은 기독교 예배에서 첫째 가는 자격이다. 신학자들은 **정당성**(orthopraxy)과 **정통**(orthodoxy)이라는 용어를 사용함으로써 신앙과 예배 사이의 관계를 언급한다(Ortho는 바른 혹은 정확한을 의미하고, -praxy는 신앙을 언급한다. 그리고 –doxy는 찬양과 관계가 있다).

그 제안들은 다음과 같다. 참된 신앙(orthopraxy)에는 참된 찬양(orthoproxy)

이 필요하다. 동시에, 참된 찬양, 즉 영과 진리로 예배하는 것은 우리를 참된 신앙으로 형성한다. 참된 찬양과 참된 신앙은 상호 의존적으로 일한다. 본서에서 언급했던 그렇게 많은 주제와 마찬가지로 다른 하나가 없이는 하나를 가질 수 없다. 그렇기는 하지만, 참된 예배는 참된 믿음으로 시작한다.

여기서 몇 가지 중요한 것들을 주목해야 한다.

첫째, 예수 그리스도를 통해 하나님을 믿는 신앙이 참된 예배에 필요하다고 주장하면서 신앙으로 자라고, 하나님을 예배하는 것을 배우는 어린 아이들을 예배에서 배제해서는 안된다. 왜냐하면, 공동체는 찬양 속에서 그들을 형성해가기 때문이다. 예수님은 다윗의 아들에게 호산나 찬양을 드리는 어린 아이들의 순전한 기쁨을 지지하신다. 그분은 그들의 찬양을 다음과 같이 하나님께 돌린다.

> 어린아이와 젖먹이들의 입에서 나오는 찬미를 하나님께서 온전하게 하셨나이다
> (마 21:16, NRSV; 시 8:2를 보라).

또한, 그것은 사람들이 자신들에게 가능한 지식의 정도에 따라 하나님을 예배할 수 없다는 사실을 암시하는 것도 아니다. 성경은 모든 사람이 하나님의 보이지 아니하는 것들, 곧 그의 영원하신 능력과 신성이 그가 만드신 만물에 분명히 보여 알려졌다는 사실에 대해 말하고 있다(롬 1:20; 시 8:1-9). 그런 의미에서 그들은 하나님이 계시는 것을 막연히 인식하고 있으며, 심지어 자신들이 책임져야 할 지식의 정도에 따라 이 하나님을 경배하기를 원할 수도 있다(롬 2:14-16).

둘째, 특별한 고려는 제쳐두고, 참된 예배는 하나님의 계시이신 예수 그리스도에 근거하고 예수님은 참된 예배에 이르는 통로라는 원칙은 여전하다.

> 옛적에 선지자들을 통하여 여러 부분과 여러 모양으로 우리 조상들에게 말씀하신 하나님이 이 모든 날 마지막에는 아들을 통하여 우리에게 말씀하셨다(히 1:1-2a).

우리는 사마리아 여자에게 오셔서 "내가 바로 그다[메시아])"라고 선포하셨던 분을 신뢰하면서 예배해야 한다.

5. 오늘날 예배를 위한 올바른 수단

하나님은 하나님께 모이는 그리스도인 공동체에 대한 일정한 기대치를 정하셨다. 성경 곳곳에 그런 단서들이 있다. 방법에는 죄의 고백(약 5:16), 경건함과 두려움(히 12:28), 품위 있고 질서 있게 행함(고전 14:40), 그리스

도인 형제자매들의 상호 의존(고전 14:26), 기쁨(시 100:2), 그리고 우리의 전 존재(시 103:1)와 같은 것들이 포함된다.

예배에 대한 하나님의 기대에 부응하는 방식이 문화에 따라 크게 다르다는 사실을 깨닫는 것은 매우 중요하다. 예배에 접근하는 유일무이한 방식 같은 것은 없다. 우리는 반드시 하나님의 기준들로 시작하는 것을 추구해야 하고, 그런 다음 우리 모국의 문화 내부로부터 적절한 방식으로 그것들을 충실하게 참여시켜야만 한다. 예배는 우리가 사는 세상의 장소에 따라, 심지어 특정 국가 내에서도 달라 보일(그리고 달라야만 한다) 것이다. 유념해야 될 것은 기준을 세우신 분은 하나님이시지, 문화가 아니라는 점이다. 예배에 대한 하나님의 기대들에 순응하고, **그리고**(and) 모든 사람에게도 의미 있는 방식으로 그렇게 행할 방법들이 있다.

예배에 대한 하나님의 계획들을 찾아내어, 우리 평생에 그것들을 추구하는 것은 우리의 기쁨이다. 이런 식으로 우리는 하나님께 기쁨을 드리고, 대신에 우리는 매우 만족스러운 예배를 경험한다.

1) 현재의 도전들

우리의 욕구는 예수님께서 하나님을 경배하시는 것과 비슷한 예배 방식과 수단으로 제자가 되는 것이다. 예수님의 제자로서, 우리는 그분이 보이신 참된 믿음과 올바른 수단의 본보기에 대해 근래에 생겼던 몇 가지 도전들을 알아야 할 필요가 있다.

(1) 참된 신앙 도전

현재 하나의 도전은 하나님을 예배하기 위해서 반드시 그리스도인이 될 필요가 없다는 가정이다. 일부 교회에서는 불신자들을 위한 예배에 초점 맞추는 것이 상당히 인기가 있고, 심지어는 전적으로 그 목적을 위해 예배를 만들기도 한다. 그렇지만 그렇게 하는 것은 예배에서 신앙의 역할을 근본적으로 잘못 이해하는 것이다.

기독교 예배는 **기독론**(Christology[예배에서 그리스도의 역할에 대한 깊은 이해])과 **교회론**(ecclesiology[교회에 대한 깊은 이해]) 양자 모두와 관계가 있다. 교회는 전적으로 예수님을 주님이라고 고백하고, 그분을 자신들의 머리로서 따르는 그리스도의 추종자들로 구성된다. 기독교 예배는 교회가 교회 되는 가장 주요한 수단이다. 그것은 건물로서의 교회를 말하는 것이 아니다. 오히려 지상의 교회는 비가시적이고 영원한 하나님 나라의 가시적인 실재이다. 그리고 교회와 하나님의 나라는 둘 다 예수 그리스도의 주되심을 고백하는 모든 사람을 포함한다.

따라서 그리스도인들에게 예배는 지상에 있는 교회**이기**(be) 위해서 하나님과 그들의 공동의 교제와 서로 간의 교제를 완전히 실현시키는 방도이다. 본질적으로, "교회의 본질은 예배하는 공동체로서의 소명으로부터 분리해서 이해될 수 없다. 교회는 결정적으로 예배를 통해서 교회 공동체로서 형성된다."[7] 우리는 공동 예배가 불신자들을 위한 것이라는 사실을 확증하기 위해 성경이나 초대 교회에서 어떤 예를 찾는데 애를 쓰고 있다. 불신자의 이해는 그리스도께서 그 수건을 없애실 때까지 수건이 벗겨지지 아니한 것으로 묘사된다(고후 3:14). 바울은 수건이 그곳에 있는 이유를 다음과 같이 설명한다.

> 이 세상의 신이 믿지 아니하는 자들의 마음을 혼미하게 하여 그리스도의 영광의 복음의 광채가 비치지 못하게 함이라(고후 4:4).

---

[7] Simon Chan, *Liturgical Theology: The Church as Worshiping Community* (Downers Grove, IL: InterVarsity Academic, 2006), 15. 이탤릭체는 원래의 것이다.

하나님이 주시는 영적인 변화가 없이는 하나님이 받으실 만한 예배를 드릴 수 없다. 그리스도를 믿는 것은 지상에서의 예배뿐만 아니라, 천상에서의 예배를 위해서도 요구된다. 보좌 앞과 어린 양 앞에 선 각 나라와 족속과 백성과 방언에서 아무도 능히 셀 수 없는 큰 무리는 고난을 이기고, 어린 양의 피에 씻은 흰 옷을 입은 자들이다(계 7:9-14).

> 그러므로 그들이 하나님의 보좌 앞에 있으니, 그들은 하나님을 밤낮으로 경배하느니라 (계 7:15).

기독교 국가가 시작되는 세기 동안, 초대 교회 지도자들은 불신자들이 예배의 어떤 측면들에 관여할 수 없다고 주장했다. 환영은 받지만, 예배의 모든 측면을 이해하고, 참여하는 것은 절대 안 되는 일이었다. **구도자**([seeker]비로 그 용어가 사용되었다)는 몇 가지 단계를 포함하는 신앙으로 향하는 도상에 있었다. 그러나 회심하기까지, 그들은 설교 후에 예배에서 배제되었고, 식탁(Table[성찬식])으로 나가는 것도 금지되었다. 그들에게는 심지어 주기도문으로 기도하는 것도 허락하지 않았다.[8]

일단 회심하여, 세례를 받으면, 그들은 더 이상 구도자가 아니라 '신자'이다. 회심 의식의 일부는 구도자에게 "이교도의 이념들과 습관들과의 모든 관계를 끊고, 오로지 삼위일체 하나님의 경배에 헌신할 것을 요구했다."[9] 예전의 또 다른 부분은 후보자가 예수 그리스도에 대한 충성을 선포하는 동안 비기독교 예배를 단절하는 것도 포함했다.[10]

---

8 William Harmless, SJ, ed., *Augustine in His Own Words* (Washington, DC: Catholic University of America Press, 2010), 147.
9 Robert E. Webber, *Journey to Jesus: The Worship, Evangelism, and Nurture Mission of the Church* (Nashville: Abingdon, 2001), 84.
10 Webber, *Journey to Jesus*, 85.

오늘날 유럽의 다양한 곳을 여행해 보면, 교회 옆에 세례당들이 있는 것을 볼 수 있다. 불신자들이 모든 예배의 참석자로서 교회에 들어가기 전에 세례를 통해서 자신들의 신앙을 공개적으로 선언할 수 있도록 별도의 물리적 구조물이 세워졌다. 이러한 고대의 관행은 예배에 대한 올바른 수단과 결합된 참된 신앙에 대한 헌신을 묘사한다.

오늘날 우리 기독교 문화에서, 불신자들을 예배로부터 배제해서는 안 된다는 것은 확실하다. 그들이 초대받고 따뜻하게 포용되어야 하는 것은 시급하다. 그렇지만, 예배가 비 그리스도인을 위한 것이라는 일부 잘못된 생각에 근거하여 예배의 목적을 바꾸기 위해서 예배의 성경적 이해를 이용해서는 안 된다. 복음 전파는 공동 예배의 목적이 아니다. 예배의 목적은 하나님이 신자들의 모임과 만나서 하나님의 계시와 우리의 응답을 통해서 관계를 증진시키는 것이다.

> 예배는 하나님의 영광 외에 다른 어떤 목적을 섬기기 위한 것이 결코 아니다. 예배의 목적은 예배이다.[11]

여기가 흥미진진해지는 곳이다. 복음적으로 말한다면, 그리스도의 추종자들이 참된 헌신으로 하나님과 만나는 것을 불신자들이 목격하는 것처럼 강한 것은 아무것도 없다. 바울은 예배 중에 고린도 교회에 말을 할 때 이 개요를 묘사한다. 그는 너희가 합당하게(properly[그것이 그의 핵심이다]) 예배하는 동안 "만약 믿지 아니하는 자들이나 알지 못하는 자들이 들어온다면," 그들은 죄를 깨닫게 된다고 지적한다(고전 14:24). 그런 후에 "그 마음의 숨은 일들이 드러난다. 그렇게 되면, 그들은 엎드리어 하나님

11　Chan, *Liturgical Theology*, 53. 이탤릭체는 원래의 것이다.

께 경배하며 큰 소리로 하나님이 참으로 너희 가운데 계신다고 전파하리라!"(고전 14:25). 좋은 예배자는 좋은 예배자를 낳는다! 참된 신앙은 참된 예배를 위해 필요하다. 그리고 그 결과는 신자들의 집단을 넘어서 불신자들에게 깊은 영향을 미치게 된다. 해롤드 베스트(Harold Best)는 그것을 다음과 같이 너무나 정확하게 서술한다.

> 기독교의 증인은 우연히 듣게 되는 예배이다.[12]

잃어버린 자들에게 복음을 전파하는 것에 흥미가 있는가?

하나님의 목적에 점점 더 부합되는 예배를 드리려고 시도하고, 그런 후에 회심을 축하할 준비를 하라.

(2) 올바른 수단 도전

앞에서 보았던 것처럼, 예수님은 참된 믿음을 나타내셨을 때 예배자로서도 올바른 수단을 보이셨다. 우리가 **어떻게**(How) 예배하는가는 매우 중요하다. 우리가 드리는 예배의 가치가 중요하다.

신실한 예배자가 되기 위한 현재의 두 번째 도전은 우리가 원하는 모든 것으로 예배를 바꿀 수 있다는 의견이 널리 퍼져 있다는 사실이다. 그러나 이렇게 한다면, 우리(we)가 예배의 기준이 된다. 만약 그것이 우리에게 받아들여질 수 있다면, 우리는 그것이 하나님께 받아들여질 수 있다고 가정한다. 또 다시, 오히려 그 반대가 사실이다. 우리가 예배로부터 원하는 것을 결정하고, 모든 것을 우리의 만족에 맞추어서는 안 된다. 우리가 원하는 것을 제시하고, 그런 다음 하나님께 합류하시도록 요청해서는 안 된다.

---

[12] Harold M. Best, *Unceasing Worship: Biblical Perspectives on Worship and the Arts* (Downers Grove, IL: InterVarsity, 2003), 77.

우선, 시편 51편은 수단(제사와 번제)은 중요하지 않다고 암시하는 것으로 보인다.

> 주께서는 제사를 기뻐하지 아니하시나니, 그렇지 아니하면 내가 드렸을 것이라. 주는 번제를 기뻐하지 아니하시나이다. 하나님께서 구하시는 제사는 상한 심령이라 하나님이여 상하고 통회하는 마음을 주께서 멸시하지 아니하시리이다(시 51:16-17 NRSV).

그러나 더 읽어 보라. 예배자의 마음이 바로 된 후에, "그때에 주께서 의로운 제사와 번제와 온전한 번제를 기뻐하시리니 / 그때에 그들이 수소를 주의 제단에 드리리이다"(19절). 성경 곳곳에서 좋은 예배자가 되기 위해서는 올바른 마음을 가지는 것의 중요성을 볼 수 있다(순수한 의도, 겸손한 영 등등). 그러나 이런 자질들이 아무리 필요하더라도, 그들은 예배를 위해 하나님이 정하신 수단을 배제하지 않는다. 예배에 대한 마음에 예배를 위한 요건의 충족을 **더하는 것**(plus) 둘 다 필요하다. 요건이 충족되지 못한 채 예배의 마음만 있는 것은 성경적 예배가 아니다.

이제 일주하여 **쉐마**(Shema)로 되돌아 왔다. 이제 우리가 가진 모든 것과, 우리의 전 존재로 예배를 드림으로써 예수님께 합류할 준비가 되어있다! 우리는 마음을 다하고, 목숨을 다하고 뜻을 다하고, 힘을 다하여 하나님을 사랑함으로써 예수님의 인도하심을 따른다.

2) 예수님이라면 어떻게 예배하실까?(HWJW)

이제 그 질문에 답할 준비가 되어 있나.
예수님이라면 어떻게 예배하실까?
예수님은 하나님에 대한 깊은 개인적인 믿음으로 예배하실 것이다.

그리고 그분의 전 존재-그분이 가지신 모든 것-으로 그렇게 하실 것이다!

예수님은 참된 믿음과 올바른 수단으로 하나님을 예배하실 것이다.

> HWJW?
> 예수님은 참된 믿음과 올바른 수단으로 하나님을 예배하실 것이다.

우리 또한 참된 믿음과 올바른 수단으로 예배하는 예수님을 따라야 한다. 신실한 예배자가 되는 것은 과정이다. 왜냐하면, 제자도가 과정이기 때문이다. 참된 믿음과 올바른 수단을 추구할 때 스스로 인내심을 가져라. 그렇지만, 만약 평생 이러한 추구를 계속한다면, 여러분의 예배는 결코 이전과 같지 않을 것이다.

여러분은 부르심-예수님의 부르심을 듣고 있는가?

"와서 나를 따르라…주 너의 하나님을 네 마음과 목숨과 뜻과 힘을 다하여 사랑함으로써."

6. 나는 어떻게 예배할 것인가 결단하기

1) 성찰

우리 예배의 롤 모델이신 예수님을 살펴본 후, 이제는 우리의 주님이신 스승(Master Teacher)께서 제자들에게 어떠한 조정을 요구하실지 결정할 때이다. 본장 서두에서 여러분이 만들었던 예배자를 위한 좋은 자질들의 목록으로 돌아가서 시작하라. 배웠던 것의 결과로서 여러분이 원하는 조정을 하도록 잠깐 시간을 가져라.

더하거나, 혹은 없애버리려고 하는 어떤 자질들이 있는가?
만약 그렇다면, 그런 변화에 흥미를 느끼는 이유는 무엇인가?
이제 한 걸음 더 나아가자. 다음과 같은 질문을 해 보라.
신실한 예배자의 어떤 특성이 가장 강한가?
어떤 자질을 위해 노력하겠는가?
예배 제자도를 추구하면서 서로 격려하도록 동료 예배자들과 여러분의 의도를 공유하라.

2) 상상하라

이제 다음 주 주일이다. 여러분은 교회로 가는 길에, 자신이 예배에서 얼마나 많은 것을 얻을 수 있을까를 기대하고 있는지를 의식한다. 그런 다음 또한 예배에 드려야 할 어떤 것이 있는 것도 기억한다. 당신은 예수 그리스도 안에서 하나님과 당신의 개인적인 관계로부터 예배할 것이라는 사실에 고무된다. 그 이후, 다음과 같이 하라.

- 하나님의 관점으로부터 좋은 예배자를 만드는 몇 가지 자질들을 검토하라.
- 올바른 태도와 의도를 가지고 예배를 시작할 수 있도록 하나님의 성령님의 도우심을 기도하라.
- 주 너의 하나님을 너의 마음과 목숨과 뜻과 힘을 다하여 사랑하도록 초자연적인 힘을 구하라.

후일에 여러분의 기도가 응답을 받았고, 그것이 모든 것을 바꾸었다는 사실을 발견한다.

3) 행동

다음과 같은 문장을 완성함으로써 신실한 예배자가 되기 위한 목표를 세우라.

하나님의 도우심으로 나는 _____함으로써 _____하기를 결단한다(구체적으로.)

4) 기도

사랑하는 하나님,
저는 저의 모든 것으로-마음, 목숨, 뜻, 힘을 다하여 당신을 예배하기를 원합니다.
저의 주님이신 예수 그리스도로 말미암아 하나님이 기뻐하시는 예배에 참여하도록 당신의 성령님을 보내셔서 저를 강하게 해 주시옵소서.
저의 믿음이 점점 더 활기차게 되고, 저의 예배가 부활하신 주님 앞에서 살았던 삶의 아름다움과 권능에 대한 위대한 증거가 되기를 원합니다!
다른 이들이 이것을 보고, 또한 그렇게 되기를 갈망하기를 바랍니다.
세상과 당신의 이름의 영광을 위해 기도합니다. 아멘.

제8장

예배 공동체

핵심 질문 : 예수님은 공동 예배에 어떻게 참여하셨는가?

나는 혼자 예배하는 것을 더 좋아한다라는 말을 여러 차례 들어 왔다. 아마 여러분도 그랬을 것이다. 존은 예배에 참여하라는 요청을 받았을 때 불안해하는 내성적인 성격을 갖고 있다. 기업의 임원인 린다는 단 하루 쉬는 날에 자기 배를 타고 물에서 예배하는 것을 더 좋아했다. 알렉스는 공장에서 교대로 일을 하고, 일요일에는 그저 피곤했다. 십대인 애비는 친구들과 노느라 토요일 밤 늦게까지 자지 않았다. 테드는 교회가 위선자들로 가득 찼다고 생각하고 그 사람들을 피하려고 했다. 각자는 혼자 예배하는 것을 선택했다.

서방 사람들의 대부분은 매주 기독교 예배 참여에 선택권이 있는 듯하다.

만약 개인적 선호도 때문에 공동 예배보다 개인 예배를 선택한다면, 그들은 두 개의 동등한 선택권에 근거해 그것을 결정한 것인가?

다른 말로 하자면, 혼자 예배하는 것과 다른 신자들과 함께 예배하는 것은 동일한 것인가?

교회에 갈 수 있는 능력을 제한하는 실제 상황으로 인하여 하나님을 예배하는 다른 사람들에 합류할 수 없는 사람들이 있다. 이런 것은 이해될 수 있다. 그러나 의문은 여전히 남아있다.

혼자서도 예배할 수 있는 데, 왜 공동체에서 예배하는 다른 사람들과 합류해야 하는가?

하나님과 예배하는 개인적인 시간을 갖는 것은 멋진 일이다. 성경은 혼자 개인 예배를 드리는 예들로 가득하다. 몇 가지 예를 들자면, 아벨은 그의 가축으로 하나님이 받으시는 제물을 드렸고(창 4:4). 야곱은 하나님의 천사와 겨룬 후에 제단을 세웠으며(창 28:16-18), 한나는 성전에서 하나님께 마음을 토해내었다(삼상 1:9-11). 그리고 세례 요한은 사막에서 오랜 기간 혼자 지냈다.

우리 각자가 예수 그리스도를 믿는 자신의 믿음에 근거하여 하나님과 관계를 맺는다는 측면에서 보면, 예배는 항상 개인적이다. 당연히 하나님과 우리 사이에 친밀한 순간이 되어야만 하는 예배의 순간들이 있다. 매일 개인 기도를 할 때, 개인적인 수련을 할 때, 혹은 하루 내내 순간순간 하나님의 임재를 연습할 때 우리는 이러한 시간들을 가진다.

그러나 개인 예배가 하나님과 우리의 관계를 자라게 하는 중요한 차원임에도 불구하고, 그것은 예배 경험의 일부일 뿐이다. 하나님은 개인 예배 이상의 어떤 것을 염두에 두시고 계신다. 하나님의 계획은 신자 개개인이 그리스도의 몸으로서 물리적으로 모여서 하나님께 공동의 헌신을 드리고, 그 과정에서 성령님에 의해서 형성되는 것이다. 예배는 본질적으로 공동으로 하도록 설계되었다. 성경적 예배는 공동체에서 행해진다.

1. 우리가 현재 어떻게 예배하고 있는지 묘사하기

예배자들이 개인 예배가 아니라, 공 예배를 위해 모일 때면 특별한 무엇인가가 발생한다. 예배는 하나님 백성들의 독특하면서도 필수적인 모임이다. 예배에서 그리스도의 제자들로 이루어진 지역 공동체는 서로 협력하여 삼위일체 하나님께 공동 헌신의 행위를 표현한다. 두 개의 보완적 단어들이 하나님의 백성이 예배를 드리기 위해 함께 모이는 것의 아름다움과 힘을 이해하는데 도움을 준다.

첫 번째는 인간의 몸을 언급하는 라틴어 **몸**(*corpus*)에 근거한 영어 단어 **공동의**(corporate)이다. 바울은 교회라는 그림을 그리기 위해 다음과 같이 몸이라는 은유를 사용한다.

> 몸은 하나인데 많은 지체가 있고 몸의 지체가 많으나 한 몸임과 같이 그리스도도 그러하니라…너희는 그리스도의 몸이요 지체의 각 부분이라(고전 12:12, 27).

공동 예배에서는 몸의 모든 부분들이 높은 수준의 기능에 관여하여 각 부분이 하나님을 경배하는 아름다운 노력에 기여한다. 우리가 전체의 유익을 위하여 함께 은사를 드리기 때문에, 공동 예배는 하나님 가족의 각 구성원들의 기여에 의존한다. 이것이 바로 바울이 다음과 같이 지역 회중에게 도전했을 때 염두에 둔 것이다.

> 너희가 [예배에] 모일 때에 각각 찬송시도 있으며 가르치는 말씀도 있으며 계시도 있으며 방언도 있으며 통역함도 있나니, 모든 것을 덕을 세우기 위하여 하라(고전 14:26).

공동 예배는 각 예배자가 각자 기여하는 공동의 노력이다. 예배는 단체 경기이다!

두 번째 단어는 **친교**(communion)와 **공동체**(community) 같은 유사한 단어들과 관련된 **공동체적**(communal)이다. 공동체적 예배(Communal worship)는 공동 예배(corporate worship)를 더 깊은 경지로 이끈다. 공동체적 예배는 기능보다는 교제를 중시한다. 신약성경의 헬라 단어 **코이노니아**(koinomia)는 신자 대 신자의 관계에 관해서 말하는 '교제'(fellowship)와 '친교'(communion) 둘 다로 번역된다. 그것은 또한 '참여'(participation)로도 번역된다. 그러나 여기서는 아주 깊은 단계에서의 참여, 즉 그저 공동 활동에 참여할 뿐만 아니라, 예수 그리스도와 서로에 대한 사랑의 경험을 공유하는 것에 더 많이 참여하는 것을 의미한다.

공동체적 예배는 그리스도와, 또한 우리 형제자매들과의 결합을 경험할 정도로 우리 자신을 아낌없이 드리는 것이다. 공동체적 예배에서 우리는 완전히 성령으로 충만한 참여로부터 비롯되는 믿을 수 없을 정도의 깊은 교제로 이끌림을 받는다.

기독교 공동체는 우리가 만드는 어떤 것이 아니라, 하나님의 선물로서 그리스도 안에서 하나됨에 의한 실재이다. 그것은 발견되고 육성되지만, 만들어지지는 않는다. 예배에서 자신을 내려놓고 하나님과 다른 사람들을 섬길 때, 우리는 점점 깊어지는 방식으로 공동체적 예배 경험을 하게 된다.

참된 공동체적 예배를 경험하지 않고도 공동 예배를 하는 것이 가능하다, 왜냐하면, 공동체적 예배는 예배 행사에 우리 자신을 바치는 것과 대비해서 서로에게 우리 자신을 주는 것이기 때문이다. 그렇지만 성경적으로 볼 때 이상적인 것은 둘 다를 투자하는 것이 필요하고, 둘 다가 기대된다. 그들은 서로 협력하는 두 가지 차원이다. 성령의 은혜로 예배의 충만한 축복을 경험할 수 있는 곳은 바로 공동 예배와 공동체적 예배의 교차점이다.

모든 시대에서 하나님은 다음과 같이 사람들을 모아서 예배를 위한 공동체를 만드신다. 하나님은 아브라함을 불러서 그가 큰 민족을 이루어 다른 자들을 축복도록 하셨다(창 12:2). 하나님은 모세를 부르셔서 언약적 예배를 목적으로 이스라엘이 민족을 모으도록 하셨다. 하나님은 다윗을 부르셔서 이스라엘의 예배를 예루살렘에 집중되도록 하셨고(대상 21:29-22:1), 그의 아들 솔로몬으로 하여금 화려한 성전을 건축하여 이스라엘 백성이 함께 모여 하나님과 서로의 관계를 유지하도록 하셨다(대상 22:6-10). 하나님은 교회를 불러내셔서, 공동체의 중심에서 예수 그리스도의 살아 계신 임재를 발견할 수 있는 모임이 되도록 하셨다(마 18:20). 하나님은 모든 신자를 부르셔서 "너희는 택하신 족속이요, 왕 같은 제사장들이요 거룩한 나라요 그의 소유가 된 백성이니 … 전에는 백성이 아니더니 이제는 하나님의 백성이요" 라고 말씀하셨다(벧전 2:9, 10a).

마지막으로 종말에, 하나님은 하늘에서 "각 나라와 족속과 백성과 방언하는" 회중을 모으셔서(계 7:9), 아무도 능히 셀 수 없는 큰 무리가 하나님과 어린 양께 큰 소리로 찬양하도록 하실 것이다.

본 장에서는 그리스도의 몸으로서 예배하는 공동체의 역동성을 탐구할 것이다. 예배의 깊은 공동체적 본질을 찾기 위해서 눈을 예수님께로 돌린다면, 그분은 많은 예배자들 가운데 한 예배자로서 공동체에 참여하셨던 것을 발견할 수 있게 될 것이다.

예수님은 어떻게 공동체적 예배에 참여하셨는가?

> 예수님은 어떻게 공동체적 예배에 참여하셨는가?

2. 예수님이 어떻게 예배하셨는지 발견하기

고대 유대 문화는 아주 공동체적이었다. 가족 집단들이, 직계가족과 대가족 모두, 삶의 중심축을 형성했다. 유대인의 삶의 모든 측면은 공동체적이었고, 예배에도 예외가 없었다. 예수님은 성전과 회당예배 둘 다에서,

그리고 그분의 사역 내내 많은 비공식적인 경우에서도 공동체에 아주 많이 참여하셨다. 예수님은 사람들을 사랑하셨다. 예수님은 그분과 동일한 생물적이고 국가적인 유산(이스라엘 백성)을 가진 사람들과 함께 공동체를 이루셨고, 이방인들과 소외계층(가난한자, 나병환자, 유명한 죄인들)과 함께 하심으로써 다른 사람들을 당황하게 하셨다. 그래서 예수님이 공식적이건, 비공식적이건 공동 예배에 활발하게 참여하셨던 많은 경우들을 발견하는 것은 전혀 놀라운 일이 아니다.

1) 공동체의 공식적 예배

앞장들에서 살펴본 것처럼, 예수님은 성전, 회당에서 열리는 공동체 예배의 정해진 시간과 성일과 축일의 참여에 충실하셨다. 예수님은 그저 참석하는 것을 넘어서, 또한 예배 인도자들의 공동체에도 계속해서 참여하셨다. 유대인 남자들은 회당 예배에서 기도를 인도하고, 그날의 정해진 성경구절을 낭독하고, 낭독된 성경을 해설함으로써 지도자의 역할을 공유했다. 예수님은 이 모든 것을 하시면서 섬겼다. 몇몇 역할들은 예배에서 예수님의 공동체적인 관여를 보여 주는 흥미로운 예로서 두드러진다.

예수님은 회당에서 성경을 읽는 **렉토**(*lector*)로 섬기셨다. **렉토**는 지정된 성경낭독자이다. 한 경우를 살펴보자, 누가는 예수님이 서서 할당된 성구를 읽으시는 극적인 순간을 묘사한다. 아이러니하게도 그 구절은 이사야서에서 인용한 것으로서 예수님의 사역을 묘사하고 있다.

> 주의 성령이 내게 임하셨으니 이는 가난한 자에게 복음을 전하게 하시려고 내게 기름을 부으시고 나를 보내사 포로 된 자에게 자유를, 눈 먼 자에게 다시 보게 함을 전파하며 눌린 자를 자유롭게 하고, 주의 은혜의 해를 전파하게 하려 하심이라(눅 4:18-19).

예수님은 성경의 **해설자**(Interpreter)로 섬기셨다. 누군가가 해설하면서 성경낭독을 설명하는 것이 관례였다. 이번 경우에 예수님의 설명은 다음과 같은 구절을 포함했다.

> 이 글이 오늘 너희 귀에 응하였느니라(눅 4:21).

예수님은 유월절의 **예전을 주재하셨다**(presided at the liturgy). 유월절 만찬에 수반되었던 신성한 말들과 행위는 가장이나 랍비의 몫이었다. 잡히시던 밤에, 예수님은 기도하시고, 성경을 읽으시며, 지정된 성시들을 인도하고 식사를 제공하시면서 제자들과 함께 하는 유월절 만찬을 주재하셨다.

예수님은 **찬양을 인도하셨다**(led singing). 마태복음(26:31, 또한 막 14:26을 보라)에는 동일한 유월절 만찬에서 예수님이 예배를 마치시자, "그들이 찬양한 후에 감람산으로 나아갔다"라고 기록되어 있다.

여러분은 예수님이 예배에서 찬양하시는 것(singing)을 생각해 본 적이 있는가?

그것은 대단한 생각이다!

하지만 예수님은 지상에서 사역하시는 동안 예배에서 찬양하셨다. 예수님 당시 회당과 성전에서는 기도와 성경을 찬가로 불렀을(chanted[sung]) 것이다. 예수님은 계속해서 노래하신다. 히브리서 2:12에서 성육신하신 예수님은 하나님께 "내가 [주]를 찬송하리라(praise[*hymnesō*])"고 선포하신다. 그것은 "하나님, 내가 당신을 찬양할 것입니다"라고 말하는 것과 동일하다. 예배를 인도하시는 예수님은 찬양하시는 예수님이시다.

예수님은 **성례전의 행위들을 인도하셨다**(led sacramental actions). 잡히시던 밤에 예수님은 그분의 추종자들 사이에서 수행되어야 할 성례전의 행위[1],

---

1   세족식은 보통 교회의 공식적인 성례전으로는 간주되지 않지만, 예수님을 만나고 변

즉 발을 씻는 행위를 또한 제정하셨다. 예수님이 열두 제자의 발을 씻기시려고 몸을 굽히시자 그들은 충격을 받았다. 왜냐하면, 그것은 랍비와 같은 중요한 위치에 있는 사람에게 어울리지 않는 행위였기 때문이다. 하지만 예수님은 제자들 사이에서 삶의 방식으로 섬김을 강조하는 것이 얼마나 중요한지 이해하고 계셨다. 예수님은 그들에게 "내가 너희에게 행한 것 같이 너희도 행하게 하려 하여 본을 보였노라. 내가 진실로 진실로 너희에게 이르노니 종이 주인보다 크지 못하고 보냄을 받은 자가 보낸 자보다 크지 못하나니"라고 말씀하셨다(요 13:15-16).

이 모든 선례 등으로부터, 예수님은 공동체 예배의 공식적인 설정에 많은 노력을 기울이신 것을 알 수 있다.

2) 공동체의 비공식적인 예배

예수님이 공동체를 높이 평가하시는 것을 비슷하게 강조하는 비공식적인 예배 환경에 대한 많은 예가 있다.

예수님은 사람들에게 **축복을 선언하셨다**(pronounced blessings). 예수님은 어린 아이들을 축복하셨고(막 10:13-16), 성부께로 승천하시면서 열 한명의 제자들을 축복하셨으며(눅 24:50-51), 부활하신 날 저녁에 평강이 있을 것이라고 제자들을 축복하셨다(요 20:21, 26).

> 하나님의 권능과 임재를 인정하는 사람들에게 평강을 주시는 것은 기독교 예배의 중요한 측면이다.[2]

화될 기회를 기회를 준다는 이유만으로도 본질상 그것은 성례전이다.

2 Gerald L. Borchert, *Worship in the New Testament: Divine Mystery and Human Response* (Saint Louis: Chalice, 2008), 36.

예수님은 **식사하시면서 감사를 드렸다**(gave thanks at meals). 수천 명의 군중들에게 먹이셨던 공동체의 식사에서 예수님은 하나님께서 주신 것을 감사드리기 위해 기도하셨고(막 6:41; 마 15:36), 유월절 만찬에서 떡과 포도주에 대해 감사하셨으며(막 14:22-23), 엠마오의 두 제자의 집에서 있었던 식사에서 떡을 가지사 축사하셨다(눅 24:30).

예수님은 **소그룹 기도**(small group prayer)를 인도하셨다. 어떤 경우에, 예수님은 제자들과 함께 아주 작고 친밀한 환경에서 기도하셨다. 예수님이 열두 제자들과 가졌던 가장 중요한 토론이 일어났던 것도 이러한 기도 시간 중 하나였다. 예수님께서 "너희는 나를 누구라 하느냐?"라고 물으시자, 베드로가 "하나님의 그리스도시니이다"라고 대답했다. 그것은 자신의 다가오는 수난과 예수님을 따르는 것의 큰 대가를 설명하기 위해서 예수님께서 필요로 하셨던 문을 여는 것이었다(눅 9:18-27을 보라). 8일 가량 후에, 예수님은 가장 가까운 제자인 베드로, 요한, 그리고 야고보에게 함께 산에 올라 기도하자고 말씀하셨다. 기도하실 때에 예수님의 얼굴이 변화되고 그 옷이 희어져 광채가 났다.

모세와 엘리야 또한 하늘의 영광 가운데 나타나서 다가오는 예수님의 지상 사역의 마지막에 관하여 예언하였다. 다시 한번, 예수님의 정체성이 드러났다. 하늘로부터 성부의 목소리로 이르되, "이는 나의 아들, 곧 택함을 받은 자니, 너희는 그의 말을 들으라"(눅 9:35). 이러한 소그룹 기도 같은 비공식적인 시간들은 하나님의 영원한 계획에 대한 심오한 실재를 예수님의 제자들에게 전달하는 플랫폼이 되었다.

3) 공동체에서 예배에 관해 가르치기

예수님은 예배에서 공동체에 깊이 관여하시는 것에 본을 보여 주셨지만, 더 나아가서 제자들에게 공동체에서 예배하는 것을 완전히 배우도록 분명하게 가르치셨다.

예수님은 그들에게 자신들의 풍족함으로부터 만이 아니라, 희생적으로 헌금함으로써 한 공동체로서 어떻게 헌금할 것인가를 가르치셨다(막 12:41-44). 율법의 보다 중요한 의도인 정의, 긍휼, 믿음은 경시하면서, 헌금에 대한 가장 엄격한 규칙에 합법적으로 준수함으로써 외식하는 자가 되지 말라(마 23:23).

너희는 하루살이는 걸러내고 낙타를 삼키는 도다(마 23:24).

예수님은 그들에게 공동체로서 기도하는 법을 가르치셨다. 제자 중 하나가 기도를 잘 할 수 있는 훈련을 요청했을 때, 예수님의 대답은 예수님이 가르쳐 주셨던 기도 중의 기도모델, 즉 지금 우리가 주기도문이라고 언급하고, 그 이후로 교회가 죽 기도해왔던 그 기도를 그대로 하라는 것이었다[3](눅 11:1-4). 이러한 요구는 예수님이 기도하시는 것을 직접 목격한 것의 결과로부터 나온 것이었다. 그분은 기도의 삶을 본을 보이셨고, 그렇게 본을 보이심으로써 그 그들을 가르치셨다.

무엇보다도 예수님은 그들이 참된 관계와 참된 예배 사이의 관련을 놓치는 것을 원하지 않으셨을 것이다. 하나님과 우리의 관계, 그리고 우리가 다른 사람들과 잘 지내는 것 사이에 관련이 있다. 예수님은 "그러므로 예물을 제단에 드리려다가 거기서 네 형제에게 원망들을 만한 일이 있는 것이 생각나거든, 예물을 제단 앞에 두고 먼저 가서 형제와 화목하고 그 후에 와서 예물을 드리라"고 제자들에게 가르쳤다(마 5:23-24).

---

[3] 초대 교회 신자들은 유대교의 기도 시간 관례를 적응시켜서 하루에 세 번 주기도문으로 기도했다.

순수한 관계는 순수한 예배에 중요하다. 예수님은 우리에 대해서 원망을 품고 있는 사람이 아니라, 우리에게 깨어진 관계를 회복할 책임을 돌리신다. 예배가 방해받지 않도록 우리는 올바른 교제를 위한 첫 걸음을 내딛어야 한다. 또한, 다음과 같이 입장이 반대가 되는 것도 있다. 우리가 다른 사람을 용서하는 것은 하나님이 기뻐하시는 예배에 너무나 중요하다. 다시 한번 예수님은 제자들에게 "서서 기도할 때에 아무에게나 혐의가 있거든 용서하라. 그리하여야 하늘에 계신 너희 아버지께서도 너희 허물을 사하여 주시리라 하시니라"(막 11:25)라고 가르치신다. 화목은 공동체 예배의 근간이다. 용서가 길이다. 공동체 예배는 모두 관계에 관한 것이다. 이것이 겟세마네 동산에서 잡히시기 직전에 예수님이 기도하신 주제이다. 그분의 입술로부터 나온 마지막 기도 중의 하나는 신자들로 "온전함을 이루어 하나가 되게 하려 함"이었다(요 17:23). 예수님의 기도는 그날 밤 예루살렘에 있었던 작은 추종자 무리들을 형성했던 사람들뿐만 아니라, 우리를 위한 것이기도 했다.

> 내가 비옵는 것은 이 사람들만 위함이 아니요, 또 그들의 말로 말미암아 나를 믿는 사람들도 위함이니(요 17:20).

> 예수님의 기도는 지금도 계속되고, 그분은 추종자들 사이의 진정한 연합을 위해 중보하신다(요 17:26을 보라).

3. 오늘날 예수님은 어떻게 예배하실까 숙고하기

주간 예배는 항상 예수님을 따르는 자들의 교제 안에서 행해진다. 앞으로 살펴보겠지만, 이 교제에는 여러 층이 있다. 공동체 예배는 동심원의 교제로 구성된다.

지역적인 교제(local fellowship). 예배에 있어서 교제의 가장 직접적인 표현은 하나님께 영광을 드릴 목적으로 매주 신자들의 지역 공동체가 직접 만나서 하나님의 백성으로서 우리의 정체성을 증거하고, 하나님의 이야기를 선포하고 경축하며, 하나님의 목적에 따라 살기 위한 능력을 받는 것이다. 정해진 시간과 장소에서 모인 지역 교회는 공동체적 예배의 핵심이다.[4] 이러한 교제는 하나님이 주신 귀중한 선물로서 성령님의 연합하시는 능력에 의해서 가능해진 것이다.

연합된 교제(Associated fellowship). 동시에 공동체적 예배는 지역 교회 모임에만 제한되지 않고, 그러한 것보다 훨씬 깊고 풍성하다. 지역 교회의 예배는 종종 교단, 운동, 협회와 같이 비슷한 생각을 가진 예배자들의 대규모 문화의 일부이기도 하다.[5] 지역 교회와 보다 큰 교회 사이의 유기적인 구조가 얼마나 단단한지, 혹은 느슨한지에 상관없이, 교회가 예배할 때마다. 그 구성원들은 자신들의 '종족'(tribe) 중의 다른 사람들이 동일한 열정과 관점을 공유하고 있다는 사실을 인식하고 있다. 비록 동일한 장소에 모여 있지는 않지만, 그들의 영은 목적에 있어서 아주 일치되어 있다. 동일한 긴 역사적, 신학적 전통을 공유하는 사람들과 연결되어 있다고 느끼는 것은 좋은 일이다.

세계적인 교제(Global Fellowship). 공동체적인 교회가 예배하는 특별히 아름다운 실재는 전 세계적인 교회이다. 모든 시간대의 매 주일에 삼위일체 하나님을 예배하는 헌신적인 그리스도인들이 있다. 나무 그늘 아래에서 건, 논에서건, 개울가건, 거대한 예배당에서건, 전 지구상의 그리스도 제

---

4   교회는 건물이 아니라, 사람들이라는 것을 기억하라. 교회로서 모이는 사람들이 많은 다양한 환경에서 그렇게 한다.
5   물론 정말로 독립적인 교회들도 존재한다. 하지만, 북미의 대다수 교회는 자신들과 동일시하는 다른 교회들과 어떤 관계를 가지고 있다.

자들은 자신들의 마음의 언어를 사용하면서 토착적인 방식으로 기도하고 찬양한다. 공개적으로건, 혹은 숨어서건(일부 예배자들은 박해가 두려워 찬송가를 립싱크 한다), 하나님은 지구를 둘러싸는 교회를 가지셨다. 하나님이 열방의 하나님이라는 것은 얼마나 놀라운 실재인가.

하나님의 교회가 예배하는 곳 어디에서나, 교회는 이 경이로운 세상 전역에서 성령으로 거듭난 예배자들의 영적 친교의 일부분인 형제자매들과 동시에 친교하면서 예배를 드린다. 성육신 하신 성자는 우리가 모든 언어로 드리는 예배를 모으셔서, 그것을 성부께 한 목소리로 드리신다. 하나님의 가족이 세계적인 예배자들의 집단으로 확장된다는 사실을 여러분의 교회가 깊이 인식하고 기뻐하도록 도우라.

영화로운 교제(Glorified fellowship). 누군가 찬양하거나 기도하는 소리를 듣고, 그것이 어디서 나온 것인지 궁금해 한 적이 있는가?

우리가 공동체에서 예배할 때 그 반대가 되는 일이 발생한다. 비록 소리를 들을 수 없더라도, 우리는 예배가 어디서부터 생겼는지 알고 있다. 우리 이전에 죽었던 모든 성인은 하늘에서 거대하고, 계속 진행 중인 예배 공동체를 형성한다. 그들의 소명은 끊임없는 찬양 - 영화로운 소리의 불협화음이다. 하늘에 있는 피조물들과 함께, 창세로부터 주 안에서 죽은 모든 사람 역시 우리 공동체의 일부이다(혹은 아마도 우리가 **그들의**[their] 공동체 일부일 것이다!).

예배할 때, 우리 예배가 승리하는 교회라는 영원한 예배에 포함된다고 상상하는 것이 좋을 것이다. 우리는 지상에서 하늘로, 지금부터 영원까지 뻗어가는 대단히 영화로운[6] 교제의 일부이다.

---

6 '영화로운 몸'(Glorified bodies)은 부활된 몸을 언급한다. 우리가 받게 될 새로운 하늘의 몸은 결코 죽음, 썩음, 병, 혹은 죄의 결과를 경험하지 않을 것이다.

예배할 때, 우리는 입체 안경을 써야 한다. 그때 우리는 함께 하나님을 예배하는 지역적이고, 연합된, 그리고 세계적이고 영화롭게 된 모든 사람을 포함하는 엄청난 신자들을 보고, 듣고 만지고, 맛보며 냄새를 맡을 수 있다. 이러한 특별한 교제의 층들은 동심원처럼 서로 둘러싼다. 중심으로부터 시작한 원의 각 고리는 그들 모두를 둘러싸는 외부 고리에 닿을 때까지 다음 층의 교제로 둘러싸인다. 외부 고리인 하늘의 예배는 그들 모두를 하나로 묶는 궁극적인 교제이다.

공동체에서 예배하는 것은 예배의 수평적 역동성을 활성화시킨다. 모든 참가자가 다음과 같은 공동 활동, 즉 열정을 불러일으키고 서로를 격려하여 하나님을 더 깊게 사랑하고, 하나님을 더 헌신적으로 섬기고, 서로 더 진심으로 보살피는 공동 활동에 전적으로 참여할 때 몸이 세워진다 (수평적인 방향을 대표하는 예배 요소들의 예들은 제6장에서 제공된다). 예배의 수평적인 측면은 다음과 같이 초기 신자들이 어떻게 공동체를 경험했는지를 연상시킨다. 그들은 "사도들의 가르침과 공동체와 자신들의 공동식사와 기도에 헌신했다"(행 2:42). 인간 대 인간관계를 표현하는 아름다움은 하나님 대 인간의 관계를 더 실감나고 실제로 만들 수 있다.

1) 현재의 도전들

이것이 우리에게 아름답게 들리는 것만큼, 우리가 참된 기독교 공동체를 경험하기를 갈망하는 만큼, 때때로 우리는 우리 자신의 방식으로 장애물을 일으킨다.

(1) 세대별 예배가 공동체를 도전한다

지난 수십 년 동안, 연령 별로 예배자들을 분리시키는 것이 많은 교회에서 인기를 끌었다. 어린 아이들, 청년들, 그리고 성인들은 공통적인 흥미를 가진 사람들에 둘러싸였을 때 예배가 더 풍성해진다는 가정하에 각자의 위치로 흩어진다. 실제로, 세대를 아우르는 예배는 **모든**(all) 연령대의 신앙 형성에 많은 것을 제공한다. 우리 신앙의 많은 부분이 예배에서 "배우는 것"보다 "잡혀 있다." 그리스도의 몸 전체에 대한 진가를 인정하는 것은 예배에서 더욱 중요하다.

우리 자신의 안전지대에 머무르는 것이 공동체에 도전한다(staying in our own comfort zone challenges community). 우리와 비슷한 사회적 지위, 관심사, 인종, 국적, 정치적 견해를 가진 사람들과 함께 예배하기를 원하는 것은 자연스러운 일이다. 우리와 다르게 행동하는 사람들을 포함하기 위해서 우리의 경계를 넓히는 것은 어려울 수 있다. 20세기의 마지막 후반에 있었던 교회 성장 운동은 실제로 교회로 하여금 예배에서 강조해야 할 "대상 그룹", 즉 사역과 성도 수의 성장을 위해서 무엇보다 중점을 두어야 할 집단을 파악하도록 촉구하였다.

많은 경우, 이것은 결국 동질 집단으로 귀결되었다. 이러한 접근 방법은 누가 **안에**(in) 있는 있는지 식별할 수 있지만, 또한 누가 **밖에**(out) 있는지도 식별할 수 있다. 이것은 진정한 공동체에 좋지 않다. 그것은 "누가 내 이웃인가?"가 아니라, "내 이웃이 누구였으면 좋을까?"라는 잘못된 질문을 한다. 공동체에서 예배하는 것은 하나님께서 우리가 사랑하도록 주신 이웃들을 받아들이는 것이다. 그것은 우리와 다른 사람들을 포용하기 위해서 보다 큰 원을 그리도록 요구한다.

(2) 예배 스타일 경쟁이 공동체에 도전한다

지난 50년 간 교회가 스타일에 관한 문제로 씨름하면서 예배의 관점에 커다란 변화가 일어났다. 실제로 그것은 레슬링 경기라기보다는 자주 언급되는 것처럼 예배 전쟁이 되었다. 많은 교회들이 성도들이 선호하는 다수의 예배 스타일을 수용하기 위해서 다수의 예배를 제공하기로 결정했다. 그것의 장점은 새로운 방법에 대한 이해의 확대이고, 단점은 회중들이 선호그룹으로 분리 되었다는 것이다. 나는 계속해서 정기적으로 전국의 지도자들로부터 소식을 듣고 있는데. 그들은 스타일이 주도하는 곳들이 분리된 교회로 귀결되는 사실을 한탄한다. 시간이 흐르면서, 다른 회중들은 자신들의 지분을 포기하기로 결정하고, 다른 교회로 하여금 선호도가 다른 그룹을 사역하도록 내버려 두면서, 이쪽이든 저쪽이든 완전히 한 방향으로 나아간다.

많은 교회가 이러한 접근방식 중의 어떤 쪽이 현명한 것인가를 재고하는 것은 감사한 일이다. 지도자들은 단지 예배 경향에 맞추려고 노력하기보다는 공동체라는 보다 중요한 문제들을 말함으로써 어떻게 다시 하나의 교회가 될 수 있나하는 중요한 일을 추구하기 시작한다. 공동체에서 예배하는 것은 (어떠한 종류이든) 겉치레 예배 스타일의 가치에 대한 과대평가에 의해서 방해받을 수 있다. 궁극적으로 그것은 스타일이 아니라, 관계에 관한 것이다.

(3) 인터넷 예배가 공동체에 도전한다

오늘날 많은 교회가 인터넷을 통해서 예배를 방송한다. 지역 교회에 이렇게 접근하는 형식은 많은 이점이 있다. 교회 구성원들로서는, 병, 사업상 멀리 있거나, 출장 때문에 참석하지 못하는 사람들에게 특히 도움이 된다. 하나님과 다른 사람들과 계속해서 접촉하기에 그것은 아주 좋은 방식이다. 예를 들어 수감자. 고향으로부터 멀리 떠난 대학생들, 선교사들처럼 더 장기적으로 교회에 올 수 없는 사람들과, 어쩌다 여러분의 사이트에 접속한 인터넷 서퍼들에게 여러분의 예배가 영감과 소망의 진정한 근원이 될 수 있다.

인터넷 예배가 계속해서 편의상, 혹은 동료 신자들과 직접 참여하지 않는 핑계로 사용된다면, 그것은 동시에 공동체를 약화시킬 수도 있다. 이러한 일이 발생한다면, 예배는 진짜가 아닌 가상현실인 "모의 예배"(simulation worship)가 될 수 있다. 그것은 이러한 사람들이 그 예배로부터 유익을 얻지 못한다고 말하는 것은 아니다(아마도 그들은 유익을 얻을 것이다). 그렇지만 그들은 우리가 성경적 예배에 절대적으로 중요하다고 알고 있던 신자들의 교제에 **기여하지**(contribute) 않는다. 심지어 고독감이 증대되게 할 수도 있다. 인터넷 예배는 우리 지역 교회 예배를 고무시키는 사람 대 사람의 상호작용을 대체해서는 안 된다.

서로 협력하여 공동체적인 헌신의 행동을 표현하기 위해 모인 그리스도인 제자들의 지역 공동체와 삼위일체 하나님과의 정기적이고 계속적인 만남에 도전할 수 있는 것들은 항상 존재할 것이다. 가능하면 언제나, 전체의 유익을 위하여 각 구성원들이 직접 참석할 것을 주장해야 한다.

2) 예수님이라면 어떻게 예배하실까? (HWJW)

만약 오늘날 예수님이 여기, 우리와 함께 계시다면, 그분은 어떻게 예배하실까?

그분은 지역 교회 예배자들의 교제에 완전한 참여자로서 참가하실 것이다. 그리고 공동체에서 공식적인 리더십의 역할을 맡을 것이다. 또한, 비공식적인 예배 행사에도 관여하실 것이다. 요약하자면, 예수님은 공동체의 한 구성원으로서 뿐만 아니라, 공동체를 위해서 모든 사람의 풍성한 경험에 기여하면서, 예배에 아낌없이 투자할 것이다.

여러분은 부르심, 예수님의 "와서 나를 따르라. 그리고 하나님이 너희를 두셨던 예배 공동체에 완전히 참여하라"라는 부르심을 듣는가?

예수님은 지역 교회 예배자들의 교제에 완전한 참여자로 참가하실 것이다.

4. 나는 어떻게 예배할 것인가 결단하기

1) 성찰

우리 예배의 롤 모델이신 예수님을 살펴본 후, 이제는 우리의 주님이신 스승께서 제자들에게 어떠한 조정을 요구하실지 결정할 때이다. 시작하기 위해서 다음과 같은 질문들을 숙고하라.

- 여러분의 교회 예배를 가장 잘 묘사하고 있는 것은 어떤 것인가?
  공동 예배, 공동체적 예배, 혹은 둘 다 인가?
  설명해 보라.
- 여러분은 자신이 개인적으로 예배에 보다 독립적으로, 아니면 상호 의존적으로 참여하고 있다고 생각하는가?
  설명해 보라.
- 예수님이 예배 참여자가 되는 것에 관해서 제자들에게 가르쳤던 헌금하는 방법, 기도하는 방법, 다른 사람과 화목하고 다른 사람을 용서하는 방법 중 하나를 선택하라. 이 중 어떤 것이 여러분에게 가장 중요한가? 그렇다면 그 이유를 말해 보라.

- "공동체 예배는 모두 관계에 관한 것이다." 만약 예수님께서 오늘날 이렇게 말씀하시는 것을 듣는다면, 그분이 의미하는 바가 무엇인지 여러분 자신의 말로 표현해 보라.
- 교제의 네 가지 원 중(지역적, 연합된, 세계적, 영화로운), 여러분은 어떤 것을 더 탐구하고 싶은가? 왜 그런가? 그것을 어떻게 시작할 것인가?
- 본 장에서 언급한 4개의 당면한 도전들 중, 여러분의 공동체가 더 깊은 토론을 통해서 유익을 얻을 수 있는 것은 어떤 것인가?

2) 상상하라

이제 다음 주일이다. 여러분은 그곳에 모이는 모든 사람들에게 새롭게 감사하는 마음으로 교회로 향하고 있다. 여러분은 각자에게 은사를 주신 것에 대해 하나님께 감사한다. 여러분은 함께 예배드릴 어린 아이들을 생각하면서 자신이 미소 짓고 있다는 사실을 깨닫는다. 여러분은 온 세상에서 하나님께 예배하기 위해 이번 주일에 모이는 모든 그리스도인을 위해 기도한다. 여러분은 하나님의 나라가 얼마나 광대한지 감탄하면서, 각 예배 공간의 모습이 얼마나 다른지를 상상한다.

- 다른 사람들의 예배에 기여함으로써 여러분의 교회에서 신자들의 교제를 깊게 할 수 있는 하나의 구체적인 방법을 찾아내 보라.
- 자신이 그다지 자각하지 않았던 친교 집단 중의 하나를 평가하기 위해 여러분이 취할 구체적인 조치는 무언인가?

3) 행동

하나님의 도우심으로, 나는 _____함으로써(구체적으로) 예배에서 성도들과의 교제에 더욱 온전히 참여하기로 결단한다.

4) 기도

하늘에 계신 우리 아버지여
이름이 거룩히 여김을 받으시오며,
나라가 임하시오며
뜻이 하늘에서 이루어진 것같이
땅에서도 이루어지이다
오늘 우리에게 일용할 양식을 주시옵고,
우리가 우리에게 죄 지은 자를 사하여준 것같이
우리 죄를 사하여 주시옵고,
우리를 시험에 들게 하지 마시옵고,
다만 악에서 구하옵소서.
나라와 권세와 영광이 아버지께 영원히 있사옵나이다.
아멘.

결론

1. 예배 후의 파송

본서는 예수님처럼 예배하라는 부르심으로 시작되었다. 예수님은 안내자이시고 우리는 그분을 따르는 자들이다. 각 장은 다음과 같은 동일한 초청으로 끝난다.

예수님의 부르심을 듣고 있는가?

"와서, 나를 따라 예배하라."

그러나 예수님이 예배에서 우리를 인도하시는 또 하나의 방법이 있다. 그것은 우리가 예배로부터 파송을 받아 세상으로 나아가는 것이다. 예배에서 우리는 하나님 나라의 목적에 따라서 살 수 있는 권능을 받는다.

예수님은 공동 예배에서 이웃에 대한 사랑과 하나님의 사랑을 연결시키신다. 마음을 다하고 목숨을 다하고 뜻을 다하고 힘을 다하여 네 하나님을 사랑하라는 첫 번째 계명에 대한 예수님의 헌신은 동일하게 중요한 두 번째 계명, 즉 "네 이웃을 네 자신과 같이 사랑하라 이보다 더 큰 계명이 없느니라"(막 12:31 NLT)에 대한 그분의 헌신으로 흘러넘쳤다.

하나님을 사랑하고 다른 사람을 사랑하는 것은 대 계명(Great Commandment) 전체를 실행하는 것이다. 하나님을 사랑하는 것은 안식일을 지키고 우상 숭배를 피하는 것 이상이다. 하나님을 사랑하는 것은 또한 다른 모든 사람을 사랑하는 것을 포함한다.

하나님에 대한 사랑은 사람들에 대한 사랑으로 이끈다. 이것은 확실히 요한 사도가 예수님을 따르던 당시를 기억하면서 기록했던 바, "하나님을 사랑한다고 주장하는 자들은 자신의 형제자매도 사랑해야만 한다"(요일 4:21)이다.

하지만, 하나님을 사랑하는 것과 이웃을 사랑하는 것이 같은 것이라고 잘못 생각해서는 안 된다. 각각은 그 목적과 특징에 있어서 뚜렷이 구별된다. 관련은 있지만, 그들이 동일한 것은 아니다. 둘 중 어떤 것도, 다른 하나로 하나를 대체해서는 안 된다.

우리의 제자도는 주일 예배**와, 그리고**(and) 정의를 행하고, 자비를 사랑하며, 우리 하나님과 겸손하게 행하는 것이 결합되지 않고는 불완전하다(이 세 가지가 모두 강조된 미 6:1-8을 보라). 하나님을 우리 존재의 모든 측면으로 전적으로 사랑한다면, 우리는 영원히 예수님의 형상으로 변화되어 사람들을 사랑할 수 있다. 존 웨슬리(John Wesley)는 이것을 완벽한 사랑(Perfect Love)[1]으로 언급했다.

현대 기독교에 대한 가장 큰 도전 중 하나는 예배와 우리 일상 사이의 관계를 잘못 이해하는 것이다. 솔직히 말한다면, 그것은 때때로 교회의 증거를 약화시킨다.

> 예배와 삶, 기도와 실천의 분리는 스캔들 이상이다. 다시 말하자면, 그것은 재앙이다.[2]

---

1. John Wesley, "Christian Perfection," *The Works of John Wesley*, ed. Thomas Jackson (London: Wesleyan Methodist Book Room, 1872: 1978년 Baker Book House에 의해 재발간됨), Ⅵ: John Telford, ed., *The Letters of John Wesley, A.M* (London: Epworth, 1931), 4:187; 7:120.
2. Abraham Joshua Heschel, *Moral Grandeur and Spiritual Audacity*, ed. Susannah Heschel (New York: Farrar, Straus and Giroux, 1997), 261.

하지만, 좋은 소식도 있다!

예수님이 우리에게 길을 보여 주시려고 우리보다 먼저 행하셨다. 우리는 안내자를 따라 세상으로 나아간다. 그저 따르는 것이 아니라, 우리는 파송된다. 우리는 일상에서 예배를 계속하도록 성령님으로부터 영감과 권능을 받아서 예배로부터 파송된다. 기독교 예배가 하나님을 송축하고 다른 사람들을 축복하는 중단 없는 연속체가 될 때에, 우리는 예수님처럼 참되게 예배하는 것이 의미하는 바를 알게 될 것이다.

CLC 도서 소개

종교개혁자들의 예배 예전

조나단 깁슨, 마크 언지 지음 / 김상구, 배영민 옮김 / 신국판 양장 / 780면

"개혁교회는 항상 개혁되어야 한다." 이 기치를 중심으로 한 종교개혁은 인본주의적 공로와 우상 숭배를 추구한 그 당시 로마가톨릭의 타락으로부터 자유와 해방으로 이끌었다. 종교개혁자들이 로마가톨릭의 잘못된 신앙을 정화했으며 스스로 날마다 개혁하기 위해 힘썼다는 것을 우리는 안다. 하지만 예배 예전이 개혁의 중심이었으며 구체적으로 예배의 어떤 형식을 개혁했는지 잘 알지 못하는 것이 사실이다. 그런 점에서 이 책은 루터를 비롯한 많은 종교개혁자의 예배 예전을 개혁하기 위한 각자의 배경과 과정 그리고 복음을 중심에 둔 다양하면서도 일치가 있는 예배 순서로 확인할 수 있어서 귀하다.